増補新版 ヘイト・クライム

―憎悪犯罪が日本を壊す―

前田 朗

Hate Crime

※本書の用語について

人種差別と民族差別——人種と民族は相対的に区別されて用いられてきた。日本民族と朝鮮民族という呼称が用いられてきたように、朝鮮人差別は民族差別である。このため「朝鮮人差別は人種差別ではない」と考える人もいないわけではない。しかし、人種差別撤廃条約の人種差別の定義には民族差別も含まれる。本書では人種差別撤廃条約の定義を採用する（詳しくは本書第4章）。

人種主義・人種差別・外国人排斥——人種と差別に関連する諸現象はさまざまな呼び名で呼ばれてきた。人種主義と人種差別は密接な関連を持つが、言葉がもつイメージは異なり、完全に重なるわけではない。ひとつの言葉で全体をカバーできる用語も見当たらない。国連の人種差別反対世界会議の正式名称は「人種主義、人種差別、外国人排斥および関連する不寛容に反対する世界会議」である。本書では、相互に密接な関連を有する用語を適宜用いるが、右に述べたように人種差別撤廃条約の定義を採用する。

人種差別とヘイト・クライム（人種差別禁止法とヘイト・クライム法）——人種差別禁止法は、民事・行政・刑事など諸分野にまたがる法律である。個人や団体による人種差別の禁止、政府による人種差別の禁止、差別被害者の救済（被害補償、損害賠償、地位保全など）を包括する法律である。他方、ヘイト・クライム法は、人種差別のなかでも特に犯罪に焦点を当てた法である。人種差別撤廃条約第四条が求めているのも、ヘイト・クライムの刑事規制である。ヘイト・クライム法は人種差別禁止法の一部を成す。ヘイト・スピーチもヘイト・クライムの一種である。

朝鮮人・韓国人——朝鮮半島の分断に由来して、在日朝鮮人、在日韓国人、在日韓国・朝鮮人、在日コリアンなどさまざまな呼称が用いられてきた。本書では、朝鮮半島出身者とその子孫の総称として在日朝鮮人を用いる。また、朝鮮政府（朝鮮民主主義人民共和国）、韓国政府（大韓民国）などの呼称も用いる。ただし、引用文中では異なる表記も登場する。

増補新版 はしがき――民主主義社会ではヘイト・スピーチは犯罪である

過激デモと政治家暴言

「朝鮮人を殺せ」「朝鮮人首吊れ」――二〇一三年春、過激で異様なデモが注目を集めた。東京・新大久保や大阪・鶴橋など朝鮮・韓国人が多数居住する地域に押しかけて、罵声と中傷を浴びせるヘイト・クライム、ヘイト・スピーチである。鶴橋では「南京大虐殺ではなく、鶴橋大虐殺を起こす」という脅迫がなされた。中心は在特会（在日特権を許さない市民の会）と称する人種差別集団である。二〇〇七年から、カルデロン事件、京都朝鮮学校襲撃事件、徳島県教組乱入事件、水平社博物館差別街宣事件など差別と暴力を続けてきた。同会会長は以前から「朝鮮人を殺せ」と叫んできたし、ウトロ事件では会員が自衛隊駐屯地に向けて「自衛隊のみなさん、朝鮮人を銃撃してください」と叫ぶ有様であった。

良識ある人々は批判をしてきたし、被害者は裁判を起こすなどさまざまに努力を積み重ねてきたが、マスメディアでは、「新しい保守」の一つの動きだとか、「若者の不満が噴出している」といった面だけが紹介されてきた。人種差別や排外主義を正面から批判するメディアは少なかった。

しかし、ネット右翼を支持母体の一つと位置づける安倍晋三政権が復活し、二〇一三年に入ってますます過激な活動を展開するようになった。新大久保に多数で押し掛けて騒然とした状況を作り出したためにメディアも注目した。六月一七日には、大久保で暴力騒動を引き起こし、会長をはじめとして四人が暴行容疑などで逮捕された。

暴言は過激デモだけではない。政治家による粗雑な暴言が相次いでいる。

「慰安婦」問題で強制連行を否定する歴史歪曲発言をしてきた安倍晋三首相は「侵略の定義はない」と放言して、日本の侵略を認めた村山談話の見直しにも言及した。アメリカから批判されるや腰砕けになったが、「新しい談話を出したい」と、村山談話を葬る姿勢を変えていない。

他方、橋下徹（維新の会共同代表、大阪市長）は、「慰安婦強制連行の証拠はない」と虚言を繰り返すとともに、「慰安婦は必要だった」「米軍は風俗を活用せよ」などと愚劣な発言をして、アメリカから厳しく非難された。安倍首相と同様、アメリカからの批判には即座に膝を屈して前言を撤回したが、アジアからの批判には無視を決め込んでいる。幼稚で無責任な態度である。

政治家個人の暴言だけではない。日本政府は、拷問等禁止条約に基づいて設置された拷問禁止委員会からの勧告に「従う必要はない」と、わざわざ閣議決定をして公表した。国際的な協力によって人権の促進を図るための人権条約委員会の勧告を無視する姿勢である。これまでも拷問禁止委員会、女性差別撤廃委員会、人種差別撤廃委員会からの改善勧告を拒否してきたが、今回は公然と「従う必要がない」と述べたのだから、文字通りの「無法者宣言」である。

政治家の資質が限りなく低下し、日本政府が腐朽・自壊していく様相を目の当たりにするのは実に苦痛である。ヘイト・クライム、ヘイト・スピーチは社会を壊すのだ。政府がこの体たらくであるから、民間において暴言が飛び交うのは必然である。良識をかなぐり捨てて、どんな差別や罵声も自由だと勘違いする人間が出てくるのは、政府の姿勢に原因がある。

ヘイト・スピーチ批判

『朝日新聞』三月一六日付記事「『殺せ』連呼　デモ横行――言論の自由か規制の対象か」は、大久保での在特会デモの蛮行を批判し、特定個人ではなく朝鮮人に対する侮辱は名誉毀損罪に当たらないが、ドイツやイギリスなど西欧諸国ではヘイト・スピーチは犯罪であると紹介した。表現の自由を強調しているが、最初の問題提起であった。

これに『毎日新聞』三月一八日夕刊記事「デモ目立つ過激言動『殺せ』『たたき出せ』」、『東京新聞』三月二九日「こちら特報部」記事「ヘイトスピーチ白昼堂々『殺せ』を連呼――過激嫌韓デモ」、『共同通信』五月一二日配信「オピニオン」記事「交論・ヘイトスピーチ」などが続いた。各紙とも、西欧の法規制を紹介しつつ、法規制には困難もあるとし、市民の力で過激デモを止めさせる世論づくりを強調する傾向があった。

社説では、「ヘイトスピーチ　言葉の暴力、法的な規制も」(岐阜新聞五月二七日)、「ヘイトスピーチ　憎悪の連鎖断ち切ろう」(毎日新聞六月四日)、「政治が決然と指弾せよ」(神奈川新聞六月七日)、「ヘイト・スピーチ　規制を検討するときだ」(沖縄タイムス六月一八日)、「憎悪スピーチ　冷静に議論する社会に」(北海道新聞六月二三日)、「ヘイト・スピーチ／表現を危うくする」(神戸新聞六月二四日)などが続き、法規制の必要性を指摘する社説も登場した。

テレビでも、五月二二日のTBS「NEWS23」や、五月三一日のNHK「おはよう日本」が、ヘイト・スピーチという言葉を使い、「表現の自由を守るためにヘイト・スピーチを処罰する」というメッセージが流された。こうしてヘイト・スピーチという言葉が定着し、差別言動への批判が強まった。

事件の本質は暴力と迫害

問題設定の仕方には疑問がないわけではない。ヘイト・スピーチと言うと、あたかも「スピーチ」であるかのような印象を与える。実際は、被害者の居住地域に大勢で押し掛けて、拡声器を用いて大音量で殺人や追放の宣伝・煽動を行なっている。差別に基づく、暴力、脅迫、迫害が行なわれ、重大な人権侵害が起きている。事件の本質は暴力と迫害である。単なるスピーチではない。

英米法ではヘイト・クライム（憎悪犯罪）という言葉が使われてきた。差別的動機による暴力や、差別発言を伴った暴力をヘイト・クライムと呼ぶ。ヘイト・スピーチもその文脈で犯罪とされている。表現の自由の文脈ではなく、人道に対する罪や戦争犯罪の文脈に密接につながる用語である。

だからこそ、イギリス、フランス、ドイツ、オランダ、イタリア、スイス、オーストリア、スペイン、ベルギー、デンマーク、ノルウェー、スウェーデン、モルドヴァ、スロヴァキアなど欧州諸国ではヘイト・スピーチを処罰している。アフリカ（エジプト、セネガル、チュニジアなど）やアジア（マレーシア、シンガポール、アルメニア、トルクメニスタンなど）にも処罰立法はたくさんあり、世界数十カ国で犯罪とされている。

若干の例を紹介しておこう。

①カナダ

刑法第三一八条は、皮膚の色、人種、宗教、民族的出身又は性的志向によって「識別される集団」に対するジェノサイドの主張や促進を禁止している。刑法第三一九条一項は、公共の場で平穏を侵害するような発言で、「識別される集団」に対する憎悪を煽動することを禁止している。刑法第三一九条二項は、私的な会話以外の発言で、「識別される集団」に対する憎悪を恣意的に促進することを禁止している。

②ポルトガル

刑法第二四〇条一項は「(a)人種、皮膚の色、民族的又は国民的出身、宗教、性別又は性的志向に基づいて、人又は集団に対して差別、憎悪又は暴力を煽動又は鼓舞する団体を設立し、又は組織的宣伝活動を行なった者、又は(b)前項(a)で述べられた団体又は活動に参加した者、又は財政拠出などの支援をした者は、一年以上八年以下の刑事施設収容とする」とする。同条二項は「(a)公開集会、文書配布により、又はその他の形態のメディア・コミュニケーションにより、又は公開されるべく設定されたコンピュータ・システムによって、人種、皮膚の色、民族的又は国民的出身、宗教、性別又は性的志向に基づいて、人又は集団に対して、暴力行為を促進した者、(b)人種、民族的又は国民的出身、宗教、性別又は性的志向に基づいて、特に戦争犯罪又は平和に対する罪及び人道に対する罪の否定を通じて、人又は集団を中傷又は侮辱した者、又は(c)人種的、宗教的又は性的差別を煽動又は鼓舞する意図をもって、人種、皮膚の色、民族的又は国民的出身、宗教、性別又は性的志向に基づいて、人又は集団を脅迫した者は、六月以上五年以下の刑事施設収容とする」とする。

③ウクライナ

刑法第一六一条一項によると、民族的、人種的又は宗教的敵意又は憎悪を煽動する目的、市民の宗教的信念と結びついて名誉と尊厳を引き下げ又は攻撃を惹き起こす目的を持った故意の行為、及び、人種、皮膚の色、政治的、宗教的又はその他の信念、性、民族的又は社会的出身、財産状態、居住地、言語又はその他の特徴に基づいて市民の権利を直接又は間接に制限すること、又は市民に直接又は間接の特権を与えることは、最低収入総額の五〇倍以下の罰金、又は二年以下の期間一定職務に就任する権利や一定の活動を行なう権利の剥奪に処する、とされている。

刑法第一六一条二項によると、上記の行為に暴力、詐欺又は脅迫が伴ったり、それが公務員によって行なわれた場合、二年以下の期間の懲罰的所得控除、又は五年以下の期間の自由剥奪に処する、とされている。両項に掲げられた行為が組織集団によって行なわれた場合、又は人の死又は重大な結果を惹起した場合は、刑罰は二年以上五年以下の期間の自由を剥奪する、とされている。

以上のように欧州諸国ではヘイト・スピーチを処罰するのが当然であり、特別法ではなく基本的な刑法典に処罰規定が設けられている。殺人、傷害、放火などの刑法上の犯罪と同列である。

日本では「民主主義社会では表現の自由が重要であり、ヘイト・スピーチを処罰できない」という奇妙な言説がまかり通っているが、事実に反する。

表現の自由を守るために

そもそも、国際自由権規約第二〇条二項は差別の唱道を禁止するとしている。同条一項は戦争宣伝の禁止である。戦争宣伝の禁止と差別の禁止が同じ条文に規定されていることを無視してはならない。また、人種差別撤廃条約第四条は差別の煽動や人種的優越性の主張を処罰するとしている。ヘイト・スピーチ処罰は世界の常識である。それは表現の自由を口実に人種差別や戦争宣伝が行なわれ、ナチス・ドイツによるユダヤ人迫害や侵略戦争を許してしまった歴史的経験に学んだからである。近年でも旧ユーゴスラヴィアの民族浄化、ルワンダのツチ・ジェノサイドで、表現の濫用によって差別、迫害、虐殺の煽動がなされた。

それゆえ、ジェノサイド条約第三条は、ジェノサイドの直接かつ公然たる教唆を処罰することにしている。人道に対する罪や戦争犯罪について定めた国際刑事裁判所規程第二五条は、犯罪実行の教唆、幇助、援助、及びジェノサイドの煽動を処罰するとしている。

ところが日本では非常に歪んだ認識が語られる。憲法教科書は、かつて軍国主義の下で市民の表現の自由が侵害されたことを取り上げて、表現の自由の重要性だけを指摘する。一部の憲法学者は「スピーチだから表現の自由だ」と、「差別表現の自由」を主張する。憲法教科書では「表現の自由の優越的地位」と表記され、他の自由や人権よりも表現の自由が重要であるとされてきた。この解釈には疑問がある。

表現の自由の理論的根拠は、第一に人格権であり、第二に民主主義(知る権利、情報の権利)である。これはアメリカ憲法の考え方である。

しかし、アメリカ憲法と日本国憲法には決定的な差異がある。アメリカ憲法の表現の自由は修正第一条に規定されている。そして、アメリカ憲法には人格権の独自の規定が存在しない。このために表現の自由の理論的根拠を提唱する必要があった。人権規定としては冒頭に置かれた表現の自由が優越的地位を有することに不自然さはない。

他方、日本国憲法第一三条の個人の尊重や幸福追求権の規定は人格権の規定と理解されている。つまり、日本国憲法は人格権を明文で保障している。表現の自由(第二一条)よりも人格権(第一三条)が前に置かれている。表現の自由が人格権よりも優越的地位にあると言うことは、日本国憲法の解釈としては妥当でない。憲法第一三条の人格権は、憲法第二一条の表現の自由よりも優越するからである。

そもそも「朝鮮人を殺せ」と叫ぶことは、いったい誰のどのような人格権に資すると言うのだろうか。他者の人格権を否定する差別煽動を表現の自由だと言い募るのは矛盾である。

第二の理論的根拠の民主主義についても、「朝鮮人を殺せ」などと他者の人格権を否定し、民主的手続きを破壊する暴力を取り締まることこそ、まさに民主主義に適うはずだ。

人種差別撤廃委員会では「表現の自由の保障とヘイト・スピーチの処罰は両立する」、「表現の自由を守るためにヘイト・スピーチを処罰するべきだ」と繰り返し語られてきた。

また、憲法第一四条の法の下の平等規定も参照する必要がある。日本には差別を禁止する法律がまったくないため、人種差別撤廃委員会から、憲法第一四条の法の下の平等を実施する法律を制定するように勧告されている。性差別禁止法、人種・民族差別禁止法、障害者差別禁止法など、差別禁止法を制定する必要がある。

そうすればマイノリティの表現の自由の重要性が見えてくる。人格権と民主主義と言うが、それが重要なのはマイノリティにとってである。マジョリティの横暴を表現の自由とは呼ばない。

民主主義が成熟した社会ではヘイト・スピーチの処罰は常識である。

旧版はしがき

インターネット上でうごめいてきた人種差別が現実世界に溢れ出してきた。

二〇〇九年、日本各地で外国人に対する差別と迫害が目立ち始めた。人種主義や人種差別は以前から起きていたが、最近は、意図的に人種差別の呼びかけがなされ、組織的なヘイト・クライムが継続的に行なわれている。

第一の特徴はインターネットである。ネット上の掲示板やメーリングリスト（ＭＬ）に人種差別が蔓延していると指摘されて久しい。国際人権機関でも、ネット上の人種差別問題に注目が向けられ、ネット上での人種差別を克服する教育普及を課題として掲げてきた。日本でも同じことが指摘されてきたが、差別が現実世界に躍り出てきた。ネット上で差別と排除の共同行動が呼びかけられ、集った「市民」が少数者に暴力的に襲いかかり始めた。

第二の特徴は、組織性、集団性である。チマ・チョゴリ事件をはじめとする朝鮮人に対する差別と犯罪は、個人が前面に出ていた。背後に組織的な思惑が見え隠れすることはあったが、実行行為は個人が単独で行なっていた。ところが、最近は、組織的集団的に押しかけて脅迫や暴力を繰り返している。

＊　＊

人はみな平等であり、人種、民族、出身、性別その他の理由によって政治的経済的社会的に差別してはならない。――こんなことは当たり前であって、誰もが「差別はよくない」と知っている。知っているだけではない。ほとんどの人は差別をしてはいけないと考えているし、差別しないように努力している。差別を目撃すれば憤慨する心情を持っている。

とはいえ、日本社会にさまざまな差別があるのも否定できない事実だ。人種差別もあれば、少数者や先住民族に対する差別、性差別、部落差別、障がい者差別など、さまざまな差別が現にあり、差別に苦しんでいる人がいる。差別と闘っている人もいる。そのことも誰もが知っている。誰もが不当な差別を許してはならないと感じている。けれども、差別に取り組むのは結構しんどいものだ。差別を許すなと言っても、自分の中にも同じようなメンタリティがあるのではないかと不安になってしまう。自分の中の差別に向き合うのはかなりのエネルギーが必要だ。差別するかもしれない自分に向き合って、差別を克服する作業なんて、できれば避けたい。

「私は差別しない」と思っているほうが、たぶん楽だろう。私は差別しないのだから、差別は他人の問題だ。自分と関係ないのに、差別のような重たいテーマに取り組む理由がない。単なる傍観者になろうというわけではない。いざとなれば私は差別に反対する。ただ、日頃から差別のことばかり考えてはいられない。

それに、差別はよくないが、人間社会から差別が簡単になくなるとも思えない。みんな同じだなんてありえない。差別はよくないが、区別は必要だ。みんな自分で努力して這い上がっていかなくてはならないんだし、努力が報われない平等社会なんて、却って不自然だ。だから差別、差別と言っているよりも、もっと前向きになって、努力して自分を鍛えて、区別を乗り越えていけばいいんだ――こういう風潮が社会を覆っていれば、悪質な差別がひそかに隙間に入り込むのは容易なことだろう。差別に抗するエネルギーが奪われてしまうからだ。たしかに、ほとんどの人は積極的に差別をすることはないだろう。しかし、他人の差別が自分の問題ではない以上、理不尽な差別が行なわれたときに、本当に「ノー！」と声を上げることができるだろうか。

目の前の「小さな差別」――被害者にとって決して小さくはないが――に目をふさぎ、声を上げない社会は、より大きな差別が起きたときに、断固として「ノー！」と言えるだろうか。

ヘイト・クライム（憎悪犯罪）はいつの間にか社会に浸透し、蔓延するかもしれない。人種主義や人種差別が怖いのは、気づいたときには根深く、深刻な事態になっているからだ。いざという時には手遅れになっているからだ。ヘイト・クライムを放置しておくと、差別がどんどん激化していく。社会から信頼や連帯が失われていく。公正、正義、自由、権利、尊厳といった価値や理念も損なわれる。残るのは侮蔑、破壊、敵意、憎悪、不正の感情だけである。

憎悪犯罪は社会を壊すのだ。

＊　＊

本書は、二〇〇九年に噴出したヘイト・クライム現象に焦点を当てて、日本における人種主義と人種差別の問題について検討し、ヘイト・クライムをはびこらせないために、社会全体として取り組むべき課題を明らかにすることをめざしている。

ヘイト・クライムとは、あまり聞きなれない言葉だ。詳しい定義は本文に譲るとして、とりあえず、人種・民族・国民的な差異をことさらにターゲットにして行なわれる差別行為と、そうした差別の煽動のことを指している。

人種差別撤廃条約における定義や、人種差別撤廃委員会における議論の中で、さまざまな人種主義と人種差別の存在が明らかにされてきた。日本にも同じような差別が見られるが、二〇〇九年には、意図的、組織的に差別が行なわれ、従来にないヘイト・クライム現象が起きるようになってきた。被害も深刻である。

本書の構成は次のとおりである。

第1章では、京都朝鮮学校事件に見られる典型的な朝鮮人差別や外国人に対する迫害、排外主義の諸現象を取り上げ、この現象をめぐる日本社会の反応を確認する。

第2章では、それ以前から長期間にわたって継続してきた朝鮮人差別を、日本政府による差別と、日本社会における差別に分けて、それぞれ明らかにしていく。

第3章では、ヘイト・クライムの極限とも言うべき関東大震災朝鮮人虐殺を、ジェノサイドと人道に対する罪という観点から検討し、世界史の中におけるコリアン・ジェノサイドについて考える。

第4章では、人種差別撤廃条約を中心とする国際的取組みをフォローし、さらにダーバン人種差別反対世界会議の成果文書であるダーバン宣言を一瞥して、人種差別との闘いを考える。

第5章では、ヘイト・クライムを禁止する刑事規制に焦点を当てて、英米法におけるヘイト・クライムの状況や、人種差別撤廃委員会によるガイドラインを紹介する。

第6章では、日本における人種差別禁止法についての議論を踏まえて、人種差別禁止法制定の課題を探る。

以上を通じて、ヘイト・クライムを許さない社会をいかにして形成していくのかという課題への第一歩を踏み出すことができるだろう。

目　次

第1章　噴き出すヘイト・クライム

――京都朝鮮学校事件から見えてきたこと

京都朝鮮学校事件

二〇〇九年一二月四日、日本人集団が京都朝鮮第一初級学校（小学校）に押しかけ、「朝鮮学校が公園を不法占拠している」という言いがかりをもとに、聞くに堪えない差別的な暴言を撒き散らし、教員や子どもたちを恫喝・脅迫する差別行為を行なった。

「差別されている朝鮮人は日本から出て行け」「スパイの子ども」「朝鮮学校はテロリスト養成機関」などと執拗に差別発言を繰り返し、犯罪的な嫌がらせを続けた。

運動場を持っていない朝鮮学校は、市当局の許可のもとに半世紀にわたって公園を利用してきた。その間、周辺住民からの苦情はなかった。ところが、人種差別集団は「不法占拠」と大騒ぎしたのである。

朝鮮学校校長によると、五〇年ほど前に今の場所に学校を建てて、隣接する公園を運動場として使ってきた。住民の理解も得ていた。当時は周辺は農地だったが、やがて宅地化が進みマンションが立ち、町並みが大きく変わった。新しい住民の中には昔の事情を知らない人もいる。公園には隅に遊具があった。今は高速道路建設工事のために遊具の場所が閉鎖されている。このため公園を朝鮮学校の運動場として使っていると、他の子たちが遊べないという声があがった。そこで利用状況について市と協議しているところだった。それを在特会が聞きこんだようだという。

この日、同校では、京都第一、第二、第三および滋賀の初級学校の子どもたちが集まって交流会を行なっていた。大音量で侮辱的な暴言を浴びせられ、不安をつのらせ、泣き出す子どもまでいて、交流会場はパニック状態になってしまった。

校長によると、この団体は、サッカーのゴールポストなどを校舎の方に移動するなど、一時間ほど罵声を浴びせながら騒いだ。警察に警備要請したところ、一五分ほどして警官が四人やってきた。この団体は、その日の公園の使用許可を取ったと言っていたが、あとで行政に確認してみたら、そうした事実はないという。子どもたちを校舎の中に入れ、気を紛らわすようにゲームをしたが、怯えて泣く子もいた。民族差別であると同時に、教育の場に押しかけて大騒ぎする、子どもの権利条約の精神を踏みにじる行為である。

子どもの権利条約（一九八九年、日本政府の批准は一九九四年）は、子どもの差別の禁止（第二条）、子どもの最善の利益（第三条）、教育権（第二八条）を定めている。子どもの人格、人権、基本的自由の尊重が基本原則であり、すべての人民の間の理解、平和、寛容、平等、友好がめざされている。差別と迫害が朝鮮人の子どもの基本的権利を侵害したことは言うまでもない。侵害したのは、犯行者だけではない。子どもの擁護・尊重を行なっていない日本政府の責任にかかわる問題である。

保護者の訴え

京都朝鮮学校に子ども二人を通わせている保護者は次のように語っている。

「今まで生きてきてこんな腹立たしく悔しい思いをしたことがありません。学校の前で子どもたちに聞こえるように『スパイの子どもたち』『朝鮮学校を日本からたたきだせ』などと、人として信じられない暴言を拡声器の爆音をもって騒ぎ立てました。子どもたちはおびえて、中には涙を流す子どももいたそうです。私が悔しい、腹立たしいと思ったのは、何もその団体に感じたことではありません。朝鮮語のことわざに『糞を避けるのは怖いからでなく汚いからだ』という言葉があります。私が本当に許せないのは、このような事態が許されているこの社会の『規律と良識』です」

たまたま京都で起きた事件について、このように述べていることは性急な印象を与えるかもしれない。

しかし、後に述べるように、日本社会では戦後一貫して朝鮮人差別が続いてきたし、チマ・チョゴリ事件として知られるように、朝鮮学校に対する嫌がらせや暴力事件はこれまで何度も起きてきた。被害者側にとっては「またしても」という思いが募るのも当然のことである。

従来のチマ・チョゴリ事件では、犯人は個人で行動してきた。ところが、今回は事前に準備し、行動を呼びかけ、組織的に押しかけている。こうした事件を許しているとすれば、日本社会の「規律と良識」が問われることになる。

この保護者はさらに次のように述べている。

「当日、警察も子どもたちが脅えてるにもかかわらず『自分たちは間に入っている立場』とし制御しようともしない。スピーカーを校門のまん前で校舎に向けて騒いでるにもかかわらず禁止させない。これが言論の自由ですか？　法や警察は子どもを守ってくれないというのがむなしくてたまりませんでした。自由使用の公園なのにも関わらず『不法占拠』とののしり、地域の方々も使っているゴールポストを動かしたり、利用する子どもの安全のために設置されたスピーカーの線を切り、朝礼台と一緒に校門前に投げつける暴挙。器物破損ではないのですか？　強制執行は一般市民に権限があるのですか？　子どもたちがおびえ、泣いているのに脅迫罪ではないのですか？　そこにいる個人や団体を誹謗中傷し侮辱罪ではないのですか？　駆けつけた私たちは声がかれるまで警察に訴えたのに取り合ってくれませんでした」

差別と犯罪

このように犯行者たちは、侮辱罪、脅迫罪、威力業務妨害罪、器物損壊罪などに当たると思われる行為を続けた。侮辱罪とは、具体的事実を摘示せずに、公然と人を侮辱する罪である（刑法二三一条）。具体的事実を摘示すれば名誉毀損罪になる（刑法二三〇条一項）。侮辱とは、人の人格を誹謗中傷する軽蔑の価値判断を表示することであり、罵言を浴びせたり、嘲笑したりするのが典型例とされる。

脅迫罪とは、本人またはその親族の生命、身体、自由、名誉または財産に対して害を加えることを告知して脅迫する罪である（刑法二二二条一項）。差別発言や排外主義発言によって危難を告知し、居住地から追い出そうとする行為はまさに脅迫罪にあたる。

威力業務妨害罪とは、人の意思を制圧するような勢力を示す方法によって人の業務を妨害する行為を内容とする罪である（刑法二三四条）。威力は、主として暴行・脅迫であるが、それに至らない場合であっても、社会・経済的地位、権勢を利用した威迫、団体の力の誇示、騒音喧騒、物の損壊等およそ人の意思を制圧するに足りる一切を含むとされている。

器物損壊罪とは、財物を損壊、傷害する罪である（刑法二六一条）。文書、建造物、艦船などについては特別の規定があるが、その他の財物の損壊がこれにあたり、動産・不動産だけでなく、動物も含まれる。主に物の形状を変更し、あるいは滅失させる行為を指す。

ところが、現場に出向いた四人の警察官は、眼前で行なわれている犯罪を制止しなかった。一時間に渡って犯罪行為を続けても、警察は見て見ぬふりをする。

一二月二一日、学校側はこの犯行に対する告訴状を京都府警に提出した。

相次ぐ差別と暴力

京都朝鮮学校に押しかけたのは、「在日特権を許さない会（在特会）」をはじめとする団体で、これに刺激を受けた既成右翼も行動をともにしているようだ。二〇〇九年に各地で差別と暴力を撒き散らした他の事例も確認しておこう。

①カルデロン事件――二〇〇九年二月、日本政府が、在留期限の過ぎた外国人を子どもから引き離し家族を破壊して退去強制する暴挙に出た際、退去強制を支持するデモ行進を行ない、子どもが通う中学校にまで押しかけて騒ぎ、これに抗議した市民と暴力沙汰を惹き起こした。

②三鷹事件――八月、三鷹市（東京）における日本軍性奴隷制（「慰安婦」）問題の展示・報告集会に対して横槍をいれ、会場前に押しかけて人の出入りを阻止し、集会を妨害した。

③秋葉原事件――九月、秋葉原（東京）において外国人排除をアピールするデモ行進を行ない、反対意見のプラカードをもった市民に襲いかかり暴行を加えた。

④朝鮮大学校事件――一一月、在日朝鮮人が永年にわたる努力で建設・維持してきた小平市（東京）の朝鮮大学校に押しかけて差別的言辞を吐いて侮辱し嫌がらせをした。朝鮮大学校学園祭にも押しかけて妨害行為を行なった。

⑤名古屋市立博物館事件――一二月、博物館における日韓歴史展示に抗議して、巨大な日の丸などを持って館内に押し入って内部で騒いで展示を妨害した。

⑥ウトロ事件――一二月、戦後半世紀を越えて在住する朝鮮人と土地所有者の間の解決を覆し、朝鮮人を追い出そうと激しい非難を浴びせた。隣接する自衛隊基地に向かって拡声器で「朝鮮人を銃撃してください」と叫ぶ有様だったという。

従来の右翼団体との違いは、第一に、インターネットを駆使して宣伝を行ない、参加者を募り、活動報告も行なっていること、第二に、「行動する保守」というスローガンを掲げ、法律を無視し人権侵害を惹き起こす「直接行動」に出ていることである。

在特会は、ネット上での活動や、講演会、街頭宣伝など多彩な取組みをしているが、時に暴力行為に出る。しかも、自分たちの暴力行為を収めた映像を堂々とネット上に掲載している。京都朝鮮学校事件以前からさまざまな差別的行為を繰り返してきたので、ウェブサイトには、現場で怒鳴り散らしたのと同様の暴言が山のように並んでいる。人種差別や暴力行為を自慢する異常な集団である。

在特会とは、「在日韓国人・朝鮮人(以下、在日)問題を広く一般に提起し、在日を特権的に扱う、いわゆる在日特権を無くすことを目的とする」団体である(同会会則四条)。事業は、講演会・勉強会の開催や調査・研究となっているが、「その他、当会の目的達成に必要なことを行なう」(会則五条四)とあり、暴力活動もこれに含まれるのかもしれない。会員は七九〇二人である(同会ウェブサイト、二〇一〇年一月二五日現在)。もっとも、これはネット上でアクセスした数であり、実際の活動メンバーがこれだけいるわけではない。在特会は次のような主張をしている。

「在日特権を許さないこと…極めて単純ですが、これが会の設立目的です。では在日特権とは何か? と問われれば、何より『特別永住資格』が挙げられます。これは一九九九年に施行された『入管特例法』を根拠に、旧日本国民であった韓国人や朝鮮人などを対象に与えられた特権です。在日特権の根幹である入管特例法を廃止し、在日をほかの外国人と平等に扱うことを目指すことが在特会の究極的な目標です。しかしながら、過去の誤った歴史認識に基づき『日帝の被害者』『かわいそうな在日』という妄想がいまだに払拭されていない日本社会では、在日韓国人・朝鮮人を特別に扱う社会的暗黙の了解が存在しているのも事実です」(同会ウェブサイトより)。

歴史の全体像を見ようとせず、都合のよい部分だけをつまみ食いする。ご都合主義的に恣意的な「解釈」を加えて「在日特権」なる言葉を作り出す。在日朝鮮人をはじめとする人々に襲いかかり、差別と暴力を撒き散らしている。朝鮮人だけでなく、来日外国人その他のマイノリティに対しても敵意をむき出しにして、差別を繰り返している。考えないで行動する保守だ。

六〇年を超える戦後日本社会において、朝鮮人に「特権」があったことはない。日本政府はこの間、外国人登録法や出入国管理法をもとに、朝鮮人の在留資格を不安定にするとともに分断してきた。警備公安警察は一貫して朝鮮人弾圧を続けてきた。朝鮮学校に対する執拗な差別政策も続いてきた。他方、日本社会にも数々の差別がある。高体連参加問題、JR定期券差別問題（以上は是正されたが）、アパート・マンション入居差別、差別と暴力のチマ・チョゴリ事件など実にさまざまな差別を行なってきた（本書第2章参照）。

また、朝鮮人だけでなく、中国人や来日外国人に対しても、同様に罵詈雑言を浴びせたり、脅迫を繰り返している。さらに、戦後補償問題に取り組む市民団体に対しても攻撃を仕掛けてきた。

人種主義を生み出す社会

二〇〇九年になって、このような異常な人種差別集団がなぜ活性化してきたのだろうか。より慎重な分析をする必要があるが、すでに指摘されているように、不況と時代閉塞の状況が根底にあることは見ておかなければならない。長引く不況で就職できない若者の声が「希望は、戦争」と表現されているように、脱出路は戦争、差別、排外主義に求められている。

貧困が強制される社会で、極端な格差が固定的に見えてくるようになると、その構造を一気に破壊して「平等」を生み出すのは戦争しかないと思い込む。実際には、戦争は権力を強化し、軍需産業を利するだけであって、むしろ格差を強化する。しかし、中身はどうでもいいからとにかく現状打破だけを目指そうとする意識は、戦争で何かが変われば自分は得するかもしれないと幻想を抱く。戦争で被害を受ける人々のことは眼中にない。相対的な弱者が隣にいることを望む。思いのままに差別できる相手、侮蔑できる相手を探す。自分さえよければいいのだから。

かつて戦争や植民地支配によって利益を得たと思ったのが支配層だけではなかったように、グローバリゼーションに便乗して利益を得るのも支配層だけではない。まして国際競争から脱落する危険と不安に苛まれている日本の「市民」が、ナショナリズムと排外主義に転じるのは容易なことである。「守られるべき主体」に自らを加工＝仮構する市民の安逸こそが差別の現実的根拠であるのかもしれない。自己と他者の対立構造を前提として、守るべき自己利益のために他者を排除し差別するのがヘイト・クライム（憎悪犯罪）の始まりだ（前田朗「ヘイト・クライムの現在」『無罪！』二〇〇九年一一月号）。

どこが「保守」なのか

ところで、在特会は「行動する保守」と称している。果たして彼らは「保守」なのだろうか。

「保守」とは何かという定義に深入りするまでもなく、「保守」は日本の政治・社会・文化のあり方を、歴史や伝統に引き寄せて理解してきた。日本の歴史、日本の美を強調し、伝統回帰、または伝統の再構築を図ってきた。その特徴は、日本らしさを引き受け、変わらざるものを慈しみ、変化する場合にも穏健で自然な変化を遂げることを願ってきた。そうした保守には、穏健で、歴史的淵源と深みのある「思想」があった。同時に、保守思想は、日本の奥の深さ、懐の深さ、日本的寛容を唱えてもきた。保守にはそれなりの論理と、何よりも気概というものがあった。

このような保守と照らし合わせてみると、歴史に学ばず、他者との対話を拒否し、憎悪と差別を撒き散らす暴力集団が「保守」を自称するのは、レッテル詐欺でしかないだろう。

それでは、在特会は「右翼」なのだろうか。政治的立場としては右翼に位置することは確かであろう。戦前・戦後を通じて右翼は「テロ」と親和的であったから、在特会も右翼に見える面がある。

しかし、右翼には右翼の歴史があり、思想の積み重ねがあったはずである。そうした気配を微塵も感じさせない暴力集団を右翼に数えることが適切なのかどうか、疑問は残る。

「保守か革新か」「右翼か左翼か」という二項対立を前提として把握しようとすれば、在特会が保守や右翼に位置するかのように見えることもあるかもしれない。

だが、在特会の実態を見るならば、保守や右翼というよりも、単なる暴力集団という特徴こそが本質的である。むしろ、真の保守や右翼こそ、弱い者いじめに専念し、差別と排外主義に走るだけの暴力集団を批判するべきではないだろうか。

見て見ぬふりをする政府

在特会をめぐる最近の動向を見ていて気づく点を確認しておこう。

第一に、秋葉原の事例が典型だが、在特会の暴力行為を、警察が漫然と見逃していたことである。差別発言だけではなく、歴然たる暴力行為に及んでも、警察は逮捕もしない。伝聞情報であるが、行き過ぎた暴力のないように間に割って入ることもあるが、暴力行為の瞬間にはニヤニヤ笑って見ている警官が複数いたという話を聞いた。在特会は自分たちの暴力活動の記録映像をネット上に掲載している。しかし、警察が捜査に動いたという話は聞いたことがない。

第二に、マスメディアである。ネット上では、在特会の暴力が速報され、抗議声明なども出されてきたが、マスメディアの姿勢には不可解な例が散見される。三鷹の事例では比較的よく報道されたが、他の事例ではそうは言えない。一部の新聞などは在特会会長の写真と発言を一面記事で紹介しているほどである。「両論併記」の形をとれば、ヘイト・クライム集団を持ち上げても平気という編集姿勢だ。

このように在特会はすでに警察とマスメディアによって暴力活動の自由を半ば保障されている。

思い起こす必要があるのは、日本には人種差別禁止法がないことだ。驚くべきことに、「ヘイト・クライムは日本では犯罪ではない」のだ。二〇〇一年、人種差別撤廃委員会は、日本政府に対して人種差別禁止法の制定を勧告した。二〇〇六年、国連人権委員会の人種差別特別報告者は、「日本政府は、自ら批准した人種差別撤廃条約第四条に従って、人種差別や外国人排斥を容認し助長するような公務員の発言に対しては、断固として非難し、反対するべきである」と、人種差別禁止法を制定すること、国内人権委員会を設立することなど多くの勧告を行なった。二〇〇八年、国連人権理事会は日本政府に対して人種差別等の撤廃のために措置を講じるよう勧告した（本書第4章、第6章参照）。

ところが、日本政府は「日本には深刻な人種差別はないから禁止法は必要ない」とか、「表現の自由があるから人種差別の処罰は困難である」と述べて世界を驚かせた。「人種差別表現の自由」を主張したのである。

差別を許さない市民

それでは自由・平等・連帯の担い手たるべき市民はどうか。

異分子や外国人を差別し排除してきたのは、実は警察やマスメディアだけではないし、政府主導とばかり言えない。市民こそが自分たちの安全・安心を求めて、朝鮮人をはじめとする外国人やマイノリティを差別することに利益を見出してきたからである。市民は差別の防波堤になる場合もあるが、時に差別と迫害の主犯となることもある。

傍観者となることもある。そこに在特会の忍び寄る隙間がある。

もちろん、見て見ぬふりをする市民ばかりではない。激化するヘイト・クライムに眉をひそめ、ただちに抗議集会に取り組んだ市民もいる。京都朝鮮学校事件に関する緊急抗議集会が各地で取り組まれた。一二月一九日には東京、二二日には地元・京都、二三日には大阪で相次いで抗議集会が開催され、いずれも短期間の準備にもかかわらず、会場に多くの市民が駆けつけた。

一二月一九日の在日朝鮮人・人権セミナー主催「民族差別を許すな！　京都朝鮮学校襲撃事件を問う」東京集会は次のように呼びかけた。

「このような人種主義的、差別的行為を決して許してはなりません。ところが、警備の要請を受けて出動した警察官も、人種差別団体をきちんと規制しようとせず、好き放題にさせました。同様のことは、これまでも暴力・脅迫活動の各所で見られました。三鷹でも秋葉原でもウトロでも、この差別団体は警察の事実上の容認を得て、ますます過激な行動に出るようになっています。この問題は、単に一部の異常な排外主義集団だけの問題ではなく、それを許している日本政府および日本社会全体の問題ではないでしょうか。私たちはこのような差別と犯罪を許すことなく、全国各地で心ある人々が声を上げる時だと考えます。沈黙すべきではありません」

在日朝鮮人・人権セミナーとは、一九八八年の世界人権宣言四〇周年を契機に集まった市民と法律家がつくった小さな運動団体である（実行委員長・床井茂・弁護士、事務局長・前田朗）。主に東京と大阪で取り組みを行なってきた。

集会では、まず京都朝鮮学校事件の現場映像が上映された。ネット上には右翼集団の宣伝映像が掲載されており、酷い差別発言を確認できる。脅迫、恫喝、蔑視発言の連発だが、隠すそぶりがないどころか、堂々と宣伝している始末だ。

続いて、京都朝鮮学校校長から現地報告がなされた。公園使用は市の許可を得ていて「不法占拠」ではないこと、子どもたちが脅えて泣き出したことなど具体的な様子が報告された。在特会は「また来るぞ」と言っているので、今後も要警戒である（二〇一〇年一月一四日、在特会は再び朝鮮学校に押しかけて暴言を吐くなどの蛮行を行なった）。

次にヘイト・クライムについて筆者が報告した。犯罪集団の活動状況を概括した上で、これがヘイト・クライムに当たること、人種差別禁止法を制定し、このような差別と犯罪を規制する必要性を確認した（ヘイト・クライムについて本書第5章参照）。

会場発言の後、床井茂実行委員長が、差別と迫害を許さないために日本人としてなすべきことを呼びかけて集会を終了した。

一二月二三日には、在日朝鮮人・人権セミナー主催の大阪集会も開催された。東京集会と同様に、現場映像上映に続き、朝鮮学校校長の報告、筆者の報告（ヘイト・クライムの現状、および人種差別禁止法の必要性）、会場発言、そして武村二三夫（弁護士）によるまとめの発言がなされた。ヘイト・クライムを許さないために市民が連帯して取り組みを進める必要性が確認された（前田朗「激化するヘイト・クライム」『救援』二〇一〇年一月号）。

事件の地元でも迅速に抗議集会が取り組まれた。主催したのは「朝鮮学校を支える会・京滋」の市民だ。一二月二二日、京都集会アピールは、事件を「多文化共生」や「国際化社会」促進のかけ声の裏に、民族差別・外国人排斥という醜いものが潜んでいたことを思い知らせるものと受け止めている。「在特会」は、朝鮮人への差別と蔑視、朝鮮人には何をしてもかまわないとする排外主義が日本社会に広まっていくなかで生みだされ、その土壌を肥やしとして成長してきたと見る。アピールは次のように続く。

「しかし、『在特会』はほんのひと握りの集団であり、大多数の日本人は彼らに同調しているわけではありません。

一二月四日の事件に対して、多くの日本人が『在特会』による攻撃をとめることができなかった恥ずかしさと悔しさ、憤りを胸に抱きながら、抗議の声をあげてきました。いま、朝鮮学校とその子どもたちに対して、激励の花や、無数のメッセージが日本全国から、そしてアメリカ、カナダ、スペインなどからも送られてきています。そして、民族差別に反対し、排外主義を根こそぎなくそうとする動きが京都だけではなく、関西各地から全国へと広がっていこうとしています。私たちは、ここにこそ、未来への希望を見いだすことができるのだと思います」

在特会の差別と排外主義を許さないこと、人種差別言動を孤立させる世論をつくりあげることなど、重要な課題が確認される。

「朝鮮学校の子どもたちが、明るい陽光のもとで朝鮮民族の一員として誇りをもって生きていくことができる社会を創りましょう。六〇余年にわたって幾多の困難をのりこえて守り、発展させられてきた朝鮮学校と民族教育に対して、『在特会』による攻撃を二度と許してはなりません。日本社会のなかに広く存在する排外主義とたたかい、在日朝鮮人とすべての移民・滞日外国人がその尊厳を保障され、ともに生きていくことができる真の共生社会をつくりだしていくために力をあわせましょう！　私たちは、『在特会』による朝鮮学校への攻撃に抗議するためだけではなく、このような日本人と在日朝鮮人の新しい連帯、共同の努力をつくりだしていくためにこの場に集まったのです」（「朝鮮学校を支える会・京滋」のウェブサイトより）。

水晶の夜はゴメンです

日本各地の市民からも抗議の声や、朝鮮学校への支援と連帯のメッセージが届けられた。さまざまな声、さまざまな観点からの分析が試みられているが、一部を紹介しておこう。

「この襲撃によって子どもたちがどんなに脅えたことでしょうか。言葉に尽くしがたい深い心の傷を負ったと思います。先生や保護者の方々、家族の皆さんがどんなに辛く悔しかったことでしょうか。在日朝鮮人の人たちがいったい何をしたというのでしょうか。子どもたちにどんな罪があるというのでしょうか。自国の衣装であるチマ・チョゴリを着て通学できない日本人社会こそ問題にされなくてはなりません。私たちはそのことをもう一度しっかり見据え、日本人である自分自身に問いただす必要があります」(『心の教育』を許さない！市民会議)。

「この事件は、一部マスメディアに扇動され、日本社会を徘徊する排外主義者が、その牙を在日朝鮮人の大切な宝物、朝鮮民族のことば・歴史・文化を継承し民族の心を育む朝鮮学校に向けたものであり、在日朝鮮人迫害の悪質な所業です。それはまた、在日朝鮮人への人権侵害、差別の再生産をはかるものです」(東アジアの平和と朝鮮半島の自主的平和統一をめざす京都ヒューマンネット)。

「在特会をどうにかしなければならない。だけど、在特会という『悪党ども』をどうにかすれば解決する問題ではない。在特会を支えて来たのは、延命させ増長させて来たのは、どこかの差別主義者コミュニティなどではなく私ではないかという意識もあります。議論も錯綜している中(自分自身の中でさえ揺れている中)、それでも正しいと思った事、出来る事をやるしかない。そう考え、これも知人のブログ伝いにこちらの朝鮮学校への激励メッセージ募集を知り、取り急ぎ送らせていただきました」(東京都在住の市民)。

「私たちが住むドイツにも外国人を排除しようと考えるグループがあります。でも心強いのは、それを明確に批判する市民がたくさんいて、言動で自分たちの考えを示してくれることです。排外主義者たちのデモがあれば、抗議する市民がそれを阻止するために集まります。市民の無関心さが人種差別を方針とする抑圧国家につながることを、身を以て体験したからでしょう。私たちは幸いにもドイツに住む韓国女性グループと出会い、交流を深めるなかで、日本で育った私たちが日本の侵略戦争や朝鮮半島の歴史や在日の人たちの置かれている状況についてあまりにも無関心であったことに気づかされました。その過程で無関心が無知を招き、無知が差別を生み出すことを実感しました」（ベルリン　女の会）（以上「朝鮮学校を支える会・京滋」のウェブサイトより）。

京都集会に参加した「朝鮮人道支援ネットワーク・ジャパン（ハンク・ネット・ジャパン）」共同代表の竹本昇は、次のように語る。ハンク・ネット・ジャパンは朝鮮の赤ちゃんのために粉ミルクを送る活動を続けてきた。

「在日朝鮮人の存在は日本の植民地支配の結果以外のなにものでもありません。朝鮮の領土を侵略し、土地調査事業と産米増殖計画によって、朝鮮人に渡日を余儀なくさせたのも事実です。関東大震災時、『朝鮮人が井戸に毒を入れた』というデマにより、六千人ともいわれる朝鮮人を虐殺したのも、強制連行・強制労働も、日本軍性奴隷を強要したことも事実です。犯罪右翼集団が、いくら拡声器の音量を大にして、がなりたてて否定しても、歴史的事実を消し去ることはできません。在日朝鮮人は人権を保障されるべき権利主体であって、人権が蹂躙される対象者ではありません。私たちは、彼らが行なっている在日朝鮮人に対する襲撃、脅迫、迫害、差別を許してはなりません。かつてナチス・ドイツが政権をとった後、一九三八年一一月九日、ドイツ各地でユダヤ人襲撃事件が発生しました。ショーウインドのガラスが砕け散ってキラキラと輝いたために水晶の夜事件と呼ばれます。アウシュヴィッツ強制収容所への道を拓いたのが水晶の夜事件です。理不尽な行為を繰り返す犯罪右翼集団の存在を容認していると、取り返しのつかない結果を招き寄せることになるかもしれません。水晶の夜はゴメンです。沈黙している訳にはいきません」（前田朗「水晶の夜を迎えないために」『月刊社会民主』二〇一〇年二月号）

もともと日本人が特に差別的だということはない。どの社会、どの民族もそうだが、差別はよくない、他人の権利を尊重しなければならないことは、わかっている。差別に反対するのが多数である。

ところが、一定の政治状況、経済状況、利害関係のもとで、一部に心得違いした差別的言動が生まれることがある。速やかに適切な対処をしておかないと、差別の煽動が多大の効果を発揮することがある。水晶の夜事件は典型例といっていいだろう。

マスメディアも注目

メディアの様子にも変化が見られる。先に見たように、一部の新聞は人種差別集団の代表者をなんと一面に写真つきで紹介し、勝手な主張を述べさせている。異なる意見も並べて両論併記なら人種差別と排外主義の宣伝をしても構わないという姿勢だ。

これに対して、一二月一八日、「東京新聞」は「外国人いじめ不満はけ口」という見出しのもと、「不法占拠」というのは事実に反する言いがかりにすぎないことを指摘し、「一橋大の鵜飼哲教授（仏文学・社会思想）は『公園使用への抗議というのは言い掛かりだろう。日本の民族運動を提唱する人々のようだが、もはや単なる外国人嫌いにしかみえない』と語る」とし、さらに「女子学生のチマ・チョゴリ切り裂き事件は個人単位だったが、今回は組織された人々が公然と授業中の学校に押しかけており、危険な兆候だ」という言葉を引用紹介している。

さらに、一二月二二日、「共同通信」は、「在特会の行動は朝鮮学校を標的とした悪質な嫌がらせとしか思えない。保護者の一人は『これまで日本に生きてきて、これほどの侮辱を受けたことはない』と憤りをメールにつづっている。そもそも在日韓国・朝鮮人の特別永住者が日本人より優遇されている『特権』などない。むしろ、就職や結婚などをめぐる隠然とした差別が日本には存在し続けている。在日外国人に対する差別や偏見に満ちた言葉はネットの巨大掲示板『2ちゃんねる』などにもさかんに書き込まれている。在日本朝鮮人総連合会（朝鮮総連）によると、チマ・チョゴリを着た女生徒が路上で罵声を浴びるなど日本人拉致問題を理由とした在日韓国・朝鮮人に対する嫌がらせは近年、増える傾向にあるという。カナダ、ドイツなどでは人種・民族などをめぐる差別をあおる言葉を公然と口にすれば『憎悪犯罪』として刑事罰の対象になる。米国でもオバマ政権成立後、法規制は強化され、同性愛者への差別も憎悪犯罪に加える法改正が一〇月に行なわれた」と指摘している。

大阪の毎日放送（ＭＢＳ）も、差別事件を批判的に取り上げたという。

もっとも、在特会の抗議を受けたメディアは、その後、在特会批判をウェブサイドから消去するなど、萎縮しているとの指摘もある。それだけに、市民がメディアを支える必要がある。世論を盛り上げて、人種主義に警戒し、ヘイト・クライムを許さない取り組みが必要だ。

ヘイト・クライム集団は、弱者・少数者に襲いかかるだけではない。差別に抗議する市民やメディアに対しても攻撃を加える。毅然とした対処をしなければ、図に乗っていっそうの差別行為を繰り返す。メディアが暴力や脅迫に案外弱いことは周知のことである。不当な差別を許さないためには、暴力や脅迫に萎縮することなく声を上げ続けることが必要だ。メディアを支える市民の声も重要だ。

ヘイト・クライムの被害者

先に述べたように、日本ではヘイト・クライムが犯罪とされていない。

しかし、第6章で見るように、最近の人種差別禁止法をめぐる議論では、より具体的な議論が始まっている。刑事規制を必要とする具体的な立法事実があるのか否か。他に採るべき、より制限的でない手段はないのか。刑事規制立法を行なうとして、それはいかなる射程で、いかなる行為を規制しようとするのか。さまざまな議論が始まっている。人種差別表現、ヘイト・クライムについては、いくつもの民間提案が作成・公表されてきた。立法事実の有無、規制すべきヘイト・クライムの行為類型、具体的な条文（犯罪の定義と刑罰）、刑事規制の効果等を慎重に測定・

検討して、立法提案をしていく必要がある（本書第6章参照）。

ヘイト・クライムについて議論する場合、諸外国のヘイト・クライム法はどうなっているのか、国際人権法はいかなる法規制を要求しているのかも大切だが、同時に、日本においては具体的にどのようなヘイト・クライムが行なわれてきたのか、誰が被害を受けてきたのかも明らかにしておかなくてはならない。第5章で見るように、アメリカにはヘイト・クライム統計法がある。実際に生じている犯罪を調査・研究しなくては、対策もできないからだ。国連人種差別問題特別報告者も、人種差別の調査・現状把握を勧告している。

ところが、日本政府は人種差別についてのまともな調査・研究を怠ってきた。というよりも、調査すら拒否してきたと言った方が正しい。日本における人種差別の正確な調査・研究はこれからの課題である。

しかし、人種差別問題に取り組んできたNGOや研究者の調査も一定の積み重ねがある。ダーバン人種差別反対世界会議や人種差別撤廃委員会におけるNGOの共同作業も続いてきた。日本におけるヘイト・クライムの被害者についても、かなりの程度明らかになっている。国連人種差別問題特別報告者の分類を参考に整理しておこう。

①ナショナル・マイノリティ

先住民族であるアイヌ民族は、日本社会構成員たるマイノリティであり、従来、先住民族としての権利を認められず、社会的差別にさらされてきた（最近、状況が変わり始めたが）。琉球民族についても同様のことが言える。他方、被差別部落民も一種のナショナル・マイノリティである。人種差別撤廃委員会は、被差別部落民も人種差別撤廃条約の適用対象であると認めている。

②旧植民地出身者等

在日朝鮮人・中国人は、明治以後の日本の戦争と植民地支配の結果として、強制連行その他の理由によって日本に在住するようになり、第二次大戦後も在留し続けた人々、およびその子孫である。日本人であるが中国帰国者（いわゆる「中国残留孤児」で、日本に帰国した人々）にも共通する面がある。無国籍とされた人々もいる。

③来日・滞日外国人

右とは別に、第二次大戦後（特に高度経済成長以後）に日本に渡った人々とその子孫たる外国人がいる。日米安保条約に基づいて在留している米軍兵士とその家族を除くと、多くの来日外国人もさまざまな差別にさらされている。

以上に加えて、複合差別にも注意する必要がある。差別の原因が一つではなく、複数の原因による場合である。さまざまな類型があるが、たとえば次のようなものが代表的である。

④民族的マイノリティ＋性的マイノリティなど

チマ・チョゴリ事件は、在日朝鮮人女性と少女に対する差別の代表例である。

⑤民族的マイノリティ＋高齢者

かつて国民年金は国籍条項によって外国人を排除していた。国籍条項の撤廃に伴って外国人も適用対象となったが、経過措置が講じられなかったため高齢者には適用されていない。年金の必要な朝鮮人高齢者は年金制度から排除されたままである。

⑥民族的マイノリティ＋障がい者

同様に、障害年金に関しても、民族的マイノリティである障がい者についての経過措置が不十分だったため、障害年金から疎外されたままの人々がいる。

以上の6類型は、人種差別・民族差別から逃れられずにいる人々の類型であり、同時にヘイト・クライムの潜在的被害者の類型でもある。

本書は、京都朝鮮学校事件を手がかりとしていること、筆者自身が在日朝鮮人・人権セミナーのメンバーとして活動してきたことから、朝鮮人に対する差別と犯罪に重点を置いた叙述が多くなるが、人種差別禁止法やヘイト・クライム法の主要な論点は、どの被害者についても当てはまる。

第2章　朝鮮人差別はいま

——9・17以後の硬直した日本

制裁発動

前章ではごく最近の差別を取り上げたが、すでに若干言及したように、朝鮮人に対する差別と迫害は、最近始まったことではなく、長い歴史を有する。朝鮮植民地時代はもとより、第二次大戦後だけに限っても六〇年を超える差別と迫害の歴史があるが、本書でその全体を追跡する余裕は到底ない。本章では、二一世紀にはいってからの状況を中心にしながら、それ以前の問題状況についてはごく簡潔に触れるにとどめる。

日本政府は二〇〇六年九月一九日の閣議で、朝鮮政府の「ミサイル実験」に関連して「金融制裁」の発動を決めた。メーカーや商社など一五企業と一個人に対し、外為法に基づいて送金停止や資産凍結を行なうという。すでに同年七月段階で、貨客船万景峰号の半年間入港禁止、朝鮮籍船舶の乗員等の上陸の原則禁止、航空チャーター便の乗入れを禁止、在日朝鮮人の再入国許可の規制強化などを決めて実施していた。

以下では、まず日本政府による制裁措置が在日朝鮮人の人権に与える影響を検討する。東北アジアの安全保障をめぐる国際政治と関連するが、人権論を基本に考察することにする。

その際、あらかじめ確認しておかなければならないことは、在日朝鮮人とは何かである。在日朝鮮人、在日韓国・朝鮮人、在日コリアンなど様々な表現が用いられてきたが、本書の在日朝鮮人は、植民地時代に日本に渡った人々とその子孫全体を対象としている。他方、第二次大戦後、一九四七年に外国人登録が始められた時、すべての在日朝鮮人の登録表記は「朝鮮」であった。朝鮮半島が分断された結果、外国人登録に「韓国」籍が登場し、半島の分断が在日に持ち込まれた。もともと「朝鮮」は、朝鮮半島統一の実現を願って「朝鮮」籍を保有している人々全体を包含しえた表示である。「韓国」籍の導入以後、「韓国」籍に切り替えなかった人々にとっては「朝鮮」があたかも国籍の意味を持つことになった。もっとも、日本政府は「朝鮮」はそもそも国籍ですらなく「符号」にすぎないとしてきた。しかし、在日朝鮮人の国籍は、本人と韓国政府、本人と朝鮮政府との関係であって、日本政府が口をさしはさむべきことではない。そして、日本政府の外国人登録における「朝鮮」籍イコール「北朝鮮国籍」ではない。

念のために付言しておくと、仮に人工衛星ではなくミサイルだったとしても、そもそもミサイル打ち上げは国際法に違反していない。これまでに四十数ヵ国がミサイルを打ち上げて、保有している。毎年百回ほどのミサイル発射が行なわれているが、非難された国は他にはない。日本政府とマスコミは、こうした事実を隠して、朝鮮政府が国際法違反をしたかのように誤導した。通告なしに打ち上げたというが、日本がロケット（物理的にはミサイルと同じ）を打ち上げる際に事前に朝鮮政府に通告していない。二〇〇六年七月七日、海上自衛隊は米軍との合同演習リムパックで、護衛艦三隻によるミサイル発射を行なったが、朝鮮政府に通告していない。すべてのミサイル発射を非難するべきであり、日本もミサイル発射を自粛するべきだ。

誘発される差別

朝鮮半島で政治的軍事的緊張が高まると、日本国内では朝鮮人に対する差別事件が集中的に発生する。

二〇〇六年のミサイル騒動によって、日本社会は朝鮮人に対して暴行・暴言・脅迫事件を惹き起こした。ミサイル実験直後の二〇〇六年七月五日から一四日までに、一一三件の被害が報告されている。朝鮮学校には多数の脅迫・無言電話、中傷メールが送られた（「読売新聞」「毎日新聞」二〇〇六年七月一四日）。

二〇〇六年七月二七日、人権ＮＧＯの在日朝鮮人・人権セミナーが東京で開催した集会では、全国の朝鮮学校に対する差別事件の概要が報告された。暴言の主な内容は「殺すぞ」「朝鮮帰れ！」「三国人は日本から出てゆけ」「火炎瓶を投げてやる」「政府に代って制裁してやる。大和魂を見せてやる」「ただですむと思っているのか」等である。

路上に中傷ビラが貼られた例もある。大阪では初級学校（小学校）二年生の男子が日本人に殴られた。愛知県では中級学校（中学校）の男子が殴られた。

さらに、八月二日には、藤沢市の神奈川・湘南西湖支部会館（同胞生活相談総合センター）に対する放火事件が発生した。九月一六日には、朝鮮総連中央本部に、切断された指が郵送されていたことが判明した。

差別の再生産構造

一九八九年の「パチンコ疑惑」、一九九四年の「核疑惑」、一九九八年の「テポドン騒動」、二〇〇二年の「拉致問題」などの際にも、朝鮮人に対する暴力や脅迫が全国で続発した。駅のホームで突き飛ばす、チマ・チョゴリを切る、髪の毛を切るなどの暴力事件も多発した。その度に人権団体が被害調査を行ない、日本社会に再発防止を呼びかけてきた（在日朝鮮人・人権セミナー編『在日朝鮮人と日本社会』明石書店、一九九九年）。

事件が起きるたびに、国連の人権促進保護小委員会や、子どもの権利条約に基づく子どもの権利委員会にも報告されてきた。二〇〇一年の人種差別撤廃委員会にも報告され、日本における朝鮮人差別は国際的にもよく知られている（前田朗『民衆法廷の思想』現代人文社、二〇〇三年）。ところが、まったく同じことが繰り返されている。日本社会には自浄能力がないのだろうか。

社会やマスコミだけではない。日本政府はこれらの差別事件に対してほとんど何の対策もとってこなかった。むしろ差別を煽るような外交政策を展開してきた。二〇〇六年七月二八日、外務省とNGOの間で人種差別撤廃に関する意見交換会が開催されたが、その席上、法務省人権擁護課はまさに目の前で起きている朝鮮人差別事件[※]について調査すらしていないことが判明した。新聞記事の切抜きをしているだけで、被害者からの聞き取りさえ一度もしたことがない（※本書で用いている人種差別とは、人種差別撤廃条約における人種差別の意味であり、民族差別や部落差別等も含まれる）。

戦後半世紀以上経てなお続く朝鮮人差別だが、その再生産メカニズムもたびたび指摘されてきた。

第一に、かつてのアジアに対する侵略と植民地支配の歴史が清算されていない。戦争責任をあいまいにし、被害者補償も拒否している。日本軍性奴隷制、強制労働、南京大虐殺、細菌戦など、何一つ解決していない。歴史教科書問題に見られるように歴史を偽造し、戦争を美化し、首相が「靖国神社（＝戦争神社）」に参拝を繰り返している。

第二に、現在も続く「植民地」問題である。「上」のアメリカに対して追随してきた日本は同時に「下」を必要とする。アジア諸国民、とりわけ在日朝鮮人への露骨な差別となる。アメリカという後ろ盾を得ることで、ますます居丈高となる。

第三に、二〇〇二年九月一七日、朝鮮政府が拉致事件を認めたので、政治的緊張がいっそう厳しくなった。朝鮮政府に対する剥き出しの敵意が在日朝鮮人に差し向けられてきた。ミサイル騒動の顛末は、三重の差別の再生産構造に支えられている。こうした差別の温床を変えていくのが政府の任務のはずだ。

二〇〇六年七月三一日、第二東京弁護士会は「在日コリアンの子どもたちに対する嫌がらせ等に関する緊急アピール」を公表した。アピールは「日本国憲法及び国際人権法は、人間の尊厳を最大限に保障するとともに、人種等によるいかなる差別も禁止しています。そして在日コリアンの子どもたちには、当然に人種等によるいかなる差別も受けることなく安心して生活し学ぶ権利が保障されています。嫌がらせは、そうした権利を侵害するものであり、決して許されるものではありません」としている。

人権侵害の出入国規制

二〇〇六年七月五日、官房長官発表としてミサイル実験に対する「当面の対応」が語られ、日本政府は朝鮮政府に対する措置として、出入国制限を打ち出した。「在日の北朝鮮当局の職員による北朝鮮を渡航先とした再入国は原則として認めない」とするもので、全国八ヵ所の地方入国管理局と成田空港支局等六ヵ所の支局の入国審査担当者を招集し、政府の措置方針に従った対応を徹底するよう指示がなされた。ここでの「在日の北朝鮮当局の職員」が何を意味するかは公表されていない。政府の入国管理局への内部通達には明記されているようだ。

また、「北朝鮮当局の職員」だけではなく、外国人登録が「朝鮮」籍の者に対して（先に述べたように日本政府はこれを「符号」と称してきた）、どの国に渡航するかに関わりなく二回目の旅行計画が明確でない限り、数次旅券（再入国許可証）は出さないとしている。つまり、渡航のたびに旅券申請を繰り返さなければならない。さらに、内部通達に記載されているか否かは不明であるが、一回だけの再入国許可も即日交付がなされない事例が出ている。手続窓口で「再入国を認めないかもしれない」という嫌がらせ発言もなされた。

再入国許可の問題は、日本人には意味がなかなか実感できないかもしれない。例えば、日本人である筆者は、十年有効の旅券を保有している。旅券申請手続は十年に一回で足りるということである。その際に必要なのは、申請書、住民登録、印紙等であり、非常に簡略化されている。

これに対して、「朝鮮」籍の場合、以前は渡航のたびに単発の旅券を申請しなければならなかった。それが数次旅券も認められるようになってきたが、今回の措置によって数次旅券発行が停止された。申請手続に際しても、旅行会社の発行する資料や航空券などを提出する必要がある。予約発行済みの航空券を用意しないと旅券申請すらできない。

在日朝鮮人は、南北朝鮮に多数の親戚や友人を持つ。親族訪問や経済活動など、様々な理由から渡航が必要となる。そうした生活実態を無視し、不当な制限を課している。

外国人の手続は日本人と多少異なっても仕方がないという意見も散見される。しかし、第一に、手続の煩雑さは「多少」という範囲を超えている。第二に、日本国憲法第二二条は、日本人のみならずすべての者に居住、移転及び外国への移住の権利を保障している。第三に、国際人権（自由権）規約に基づく自由権規約委員会は、一九九八年一一月、日本政府報告書の審査に際して、在日朝鮮人などの永住者、日本に生活基盤のある外国人の出国及び再入国の権利の保障を求め、差別的で、国際自由権規約第一二条二項及び四項に反する再入国許可制の撤廃を強く要請した。

このように従来の再入国許可制自体が人権侵害であり、憲法及び国際人権規約に違反する疑いが極めて強いのに、今回の政府の措置はこれに輪をかける違法行為である。その上、出入国管理の現場では、在日朝鮮人に対する嫌がらせ発言や「誓約書」なるものへの署名要求がなされている。

万景峰号の入港禁止等の措置も人々の暮らしに影響を与えている。出入国の両面にわたって、多くの朝鮮人の渡航が不可能となった。夏休みの修学旅行で祖国を訪問しようとした生徒たちの渡航が中止を余儀なくされた。多数の家族や親戚の再会が堰き止められた。

同様の事態は、二〇〇八年から二〇〇九年にかけても続いた。朝鮮政府による「核実験」や人工衛星（飛翔体）発射のたびに、日本政府とメディアは世界でもまれに見る異様な狂奔ぶりを露呈し、そのたびに制裁強化、嫌がらせ、朝鮮学校への脅迫電話、チマ・チョゴリ事件など、さまざまな差別事件の弾き金となっている。なお、二〇〇九年の法改正で、在留関連法制度が大きく変更されることになった（前田朗「新在留管理制度関連法案を斬る」『統一評論』五二五号、二〇〇九年）。

課税問題

各地で朝鮮総連関連施設に対する固定資産税等の課税問題、課税減免措置見直し問題がつくり出された。朝鮮総連関連施設の中には、地域の在日朝鮮人の集会や連絡の場所として機能し、公益性を認められてきた施設が多数ある。その公益性を否定する動きである。

すでに二〇〇三年には、拉致問題を口実に、一部の政治家の働きかけにより、東京都が課税に踏み切った。石原慎太郎都知事による政治的報復措置の疑いが強いが、これによって、各地で見直しの動きが始まった。

熊本市では、朝鮮会館への減免措置が違法であるとして減免取り消しを求める訴訟が行なわれたが、二〇〇五年四月、熊本地裁判決は、朝鮮会館が「公益性を備えた公民館類似施設に該当」すると認めて、見直し請求を棄却した。ところが、二〇〇六年二月、福岡高裁は、朝鮮会館の公益性を否定して、減免措置を否定する判決を下した。さらに、最高裁も、控訴審判決を維持した。

このため全国各地で、朝鮮会館に対する減免措置が撤回され、新たに課税が行なわれるようになった。

これらの措置の根拠となったのは総務省が繰り返し発した通知である。たとえば、二〇〇六年七月六日の「在日本朝鮮人総連合会の関連施設に対する固定資産税について」は、「弾道ミサイル発射に対して」「毅然とした対応をとる」とし、公益性の判断の変更を求めている。

朝鮮政府による飛翔体打ち上げ（ミサイル実験、ないし人工衛星問題）については、周知のように多くの諸国が「飛翔体」その他の表現をしてきたにもかかわらず、日本政府は「ミサイル発射」と決め付けてきた。マスコミも完全に日本政府の言いなりになった。このため、日本の世論は国際常識からかけ離れている。

日本政府は、情報操作をもとに、制裁措置の関連で朝鮮会館への課税の見直しを進めている。政治目的で「朝鮮憎し」のキャンペーンを張っている。

住民からの排除

各地で同様の動きが続き、旭川、新潟、東京などで固定資産税をめぐる裁判が行なわれているが、ミサイル騒動に便乗して、横浜市が朝鮮会館の固定資産税減免申請不許可処分を行なった。関連法令には何の変更もなく、当該施設の利用目的や利用状況にもまったく変化がないにもかかわらず、突如として採られた、極めて政治的な措置である。

これらの措置は、第一に、当該施設の具体的状況とはまったく関係なく、政治的緊張関係に端を発した政治目的の措置である。発端も一部の政治家や運動による働きかけである。

第二に、行政がこうした政治目的を引き継いで、本来の税務行政すら歪めている。地方行政自体に朝鮮人に対する政治的報復目的があるわけではないだろうが、実務的に進められるべき行政を政治目的に屈従させている。

第三に、朝鮮会館の公益性とは何かがおよそ理解されていない。日本人が利用する公民館だけが公益性を持ち、朝鮮会館には公益性がないとするのは、朝鮮人を地域社会の住民として認めない差別に根ざしている。朝鮮人が日本社会に居住するに至った歴史的経過、現に半世紀以上にわたって地域社会に居住し貢献してきた歴史を顧みるべきである。総務省やマスコミだけではない。最高裁も差別に積極的に加担している。

第四に、日本国憲法が予定している地方自治の根幹は住民主権（地方自治の本旨）であり、そこには朝鮮人をはじめとする外国籍住民が当然に含まれる。このことすら理解されていない。

第五に、日本社会の文化の多様性を実現するためにも隣人の生活や文化の拠点に対する敬意を払うのがむしろ当然である。

残念ながら、日本国家と社会が人権や平等という価値を共有せず、政治的弾圧に狂奔する国家と社会であることを露呈している。

ディエン報告書

日本政府の金融制裁措置発表の前日である二〇〇六年九月一八日、ジュネーヴ（スイス）の国連欧州本部で開催された国連人権理事会第二会期において、ドゥドゥ・ディエン人種差別問題特別報告者の報告書をめぐる審議が行なわれた。

ディエン特別報告者は、日本には人種主義・人種差別があるとして、次の点を指摘した。日本は近隣諸国から文化的に孤立している。ナショナル・マイノリティ（部落の人々、アイヌ民族、沖縄の人々）、旧日本植民地出身者（在日朝鮮人、中国人など）、その他アジア諸国などからの外国人・移住者に対して、現に様々な差別がある。従って、人種差別を撤廃するための法制度が必要である。特にアジアとの関係では、歴史の記述と教育が問題を深刻にしている。アジア地域の歴史の共同執筆などが求められる、と。

これに対して、日本政府は反論権を行使して次のように述べた。ディエン報告書は「強制連行」や「従軍慰安婦」に言及しているが、それは歴史の問題であって、人種差別問題特別報告者の任務の範囲外である。日本国憲法、民法、刑法で人種差別に対処しているから人種差別禁止法は必要ない。アイヌや沖縄の人々が誇りをもって日本文化に貢献できるような社会を目指している。外国籍住民にも日本国憲法上の権利が与えられている、と。

日本政府の主張には説得力がない。人種差別は過去の歴史の中で形成されてきたもので、それが現在も続いている。単なる過去の歴史ではない。なぜアイヌ側だけが日本文化に貢献するべきなのか。日本人がアイヌや沖縄の文化を含む日本文化に貢献できるような社会こそ目指すべきである。また形式的には権利保障が認められても、実際には外国籍住民の権利が著しく侵害されてきたし、多数の人種差別があるので、諸外国と同様に、やはり人種差別禁止法が必要である。

ディエン報告書は、二〇〇六年三月に開催された国連人権委員会第六〇会期に提出された。ところが、国連人権委員会が改組され、人権理事会が新設されたので、今回の第二会期に議論が引き継がれた（前田朗「日本には人種差別がある——国連人権委員会が日本政府に勧告」『週刊金曜日』五九七号、二〇〇六年三月二〇日参照）。

以上の点について制裁措置との関連でまとめておこう。

第一に、日本政府は、人権理事会で日本の人種差別が問われているにもかかわらず、人種差別問題を軽視して、在日朝鮮人に対する差別政策を維持し、制裁措置を加えた。朝鮮人差別（具体的には、チマ・チョゴリ事件などの暴行事件、教育権が保障されていないこと、朝鮮学校出身者の国立大学受験資格問題、国民年金をはじめとする社会保障の差別問題等）については、国際自由権規約に基づく自由権委員会、国際社会権規約に基づく社会権委員会、子どもの権利委員会、人種差別撤廃委員会からも何度も是正勧告が出されている。日本軍性奴隷制などの戦後補償が未解決なことやチマ・チョゴリ事件は、国連人権委員会や人権促進保護小委員会でも何度も報告されてきた。今回は人権理事会で人種差別の是正を求められたのに、わざわざ人種差別政策を進めている。

第二に、人種差別問題の意図的な隠蔽である。日本政府だけではない。二〇〇六年三月にディエン報告書が国連人権委員会に提出されてもマスコミは報道しなかった。九月の人権理事会でのディエン報告者のプレゼンテーションもまったく報道されなかった。取材していないわけではない。国連欧州本部にはＴＶ・新聞七社の記者が常駐している。まさに「マスコミ・ブラックアウト」であり、市民は国際社会で日本社会のどこがどう問われているのか知ることができない。

人種差別撤廃委員会における日本

日本政府は人種差別撤廃条約をなかなか批准しなかったが、三〇年後の一九九五年に批准した。政府は条約批准後一年以内に最初の報告書を委員会に提出し、審査を受けることになっている。日本政府報告書の締切りは一九九七年一月であったが、大幅に遅延して二〇〇〇年一月に提出した。二〇〇一年三月八日と九日、委員会は、日本政府報告書の審査を行なった。

人種差別撤廃条約第一条は「人種差別」を定義しているが、定義は一般的なものであるため、解釈の必要が生じる。アイヌ、沖縄、被差別部落、中国帰国者などが適用対象であるか否かが問題になる。

日本政府はアイヌが適用対象になることは認めるが「沖縄、被差別部落、中国帰国者については適用対象ではない」という。NGOの連絡組織である人種差別撤廃条約NGO連絡会の報告書は、すべて適用対象にあたると主張した。人種差別撤廃委員会でもこの点に注目が集まった。

「政府報告書に含まれていないが部落民がいる。部落地名総鑑があるという。雇用の権利が閉ざされている。自殺している例もある。国外でも周知の事実なのに隠そうとする態度は理解できない。政府報告書は沖縄住民にも触れていない。別個の民族、独立国家だった。差別的政策を強制したのではないか」（ロドリゲス委員）

「アイヌを先住民族と認めているのに、なぜ沖縄は認めないのか。部落民についても聞きたい。世系、祖先の系列にかかわるから、インドのカーストに条約適用あることが参考になる。政府はどういう措置を講じようとしているのか。部落地名総鑑による企業の採用差別は本当か。沖縄の独自の言語からみて先住民族であると認識するべきで

はないか」（ディアコヌ委員）

こうした質問を受けて日本政府は次のように回答した。

「条約第一条の世系は、民族的出身に着目したもので社会的出身に着目した概念ではない。従って部落民は条約の対象ではない。沖縄住民は人種であるとは考えられず対象とはならない。沖縄には特色豊かな文化・伝統があるが、日本各地にそれぞれ特色豊かな文化・伝統があるのと同じである。中国帰国者は、第二次大戦前に日本から中国に移住した日本人が中国に残留した後に帰国したもので、日本民族であり、適用対象とはならない」

解釈の誤りを指摘されても、同じことを繰り返した。そこで委員たちが再び発言した。

「部落民は条約の適用対象であると考えられる。カースト制を参照できる」（ユーティス委員）

「条約第一条は定義をできる限り明らかにしようとしている。インドの状況を参照するべきである。社会的な差別で職業の内容によるものは条約の適用対象である」（ソーンベリ委員）

以上の討論を踏まえて「最終所見」は、次のようにまとめられた。

「7．次回報告書において、朝鮮人マイノリティ、部落民および沖縄人集団を含む、条約の適用対象となるすべてのマイノリティの経済的社会的指標に関する情報を提供するよう勧告する。沖縄住民は、独自の民族集団であることを認められるよう求め、現状が沖縄住民に対する差別行為をもたらしていると主張している」

「8．委員会は、日本とは反対に、世系という文言は独自の意味をもち、人種や種族的出身、民族的出身と混同されてはならないと考える。部落民を含むすべての集団が、差別に対する保護、および条約第五条に規定されている諸権利の完全な享受を確保するよう勧告する」

アイヌは先住民族

日本政府は、二〇〇一年当時、「アイヌは日本人より歴史的に先に住んではいたが、先住権のある先住民族かどうかは判断できない」という奇怪な主張をしていた。

「アイヌについて人口構成はどうか。伝統的差別があってアイヌと名乗れない、日本名使用、同化政策もある。アイヌについて具体的成果を知りたい。先住民族と認めていないのか」（ロドリゲス委員）

「差別的状況が実際にあるのはなぜか。土地所有権を保障し、民族性を維持し、国際基準に照らして権利を保障するべきである」（ディアコヌ委員）

「アイヌのプログラムとあるが、マイノリティが問題の根源であるという考えが問題を隠蔽することになる。支配的文化者がマイノリティを取り上げることの意味を考えるべき。アイヌ問題ではない」（パティル委員）

これに対して日本政府はあくまでも「アイヌ問題」と呼んで、次のように回答した。

「歴史の中では和人との関係で北海道に先住し、独自の文化、言語、固有の文化を発展させてきた民族である。しかし先住民族の定義が国際的に確立していない。先住権との関係で様々な議論があるので、先住民族であるか否かは慎重に検討する必要がある」

これに対して次のような指摘がなされた。

「国際法に先住民族の定義がないというが、だからといって標準を明らかにできないというものではない。事実に即して物事を考えることが重要である。定義がないから従わないというのではなく、国家が先住民族概念を承認して適用していくことが定義をもたらすことに繋がる」（ソーンベリ委員）

こうした討議の結果として「最終所見」がまとめられた。

「5．委員会は、アイヌ民族をその独特の文化を享受する権利を有する少数民族であると認定した最近の判決を関心をもって留意する」

「17．日本が先住民族としてアイヌ民族が有する権利を促進するための措置をとるよう勧告する。土地権の承認・保護、失われたものに対する原状回復と賠償を求める、先住民族の権利に関する一般的勧告二三（五一）に注意を喚起する」

周知のように、その後、日本政府見解が改められ、アイヌを先住民族と認めるようになった。

在日朝鮮人

日本政府報告書は在日朝鮮人については当然取り上げており、チマ・チョゴリ事件にも言及しているが、これは社会的な差別であって、政府には責任はなく、しかも事件予防に積極的に取り組んでいるかのように描いている。NGOは、チマ・チョゴリ事件ではほとんど犯人が検挙されていないこと、政府とメディアに問題があること、民族教育の権利が保障されていないこと、同化政策のもと日本国籍取得にあたっては日本的氏名が強制されていることなどをアピールした。

「外国人の三分の一を占める朝鮮人の法的地位に関する討論の促進や、特別な入国管理法が必要ではないか、法的地位を強化する必要もあるのではないか。日本社会で朝鮮人への理解が深まることを期待する」（ロドリゲス委員）

「日本国籍を有していない在日朝鮮人は国籍を取得できるのか。国籍取得申請に際して朝鮮名使用ができない現実があるのか。チマ・チョゴリ事件では、マスコミによる核疑惑騒動によって事件が発生しているが、逮捕は一六〇件のうち僅か三件というが本当か。教育が必要である。こうした現象に対する全国規模での対応が必要ではないか。

公立学校でハングル教育はなぜ認められないのか。さらなる改善を期待する」(ディアコヌ委員)
「特別永住は韓国とだけである。北朝鮮とはどうなのか」(レチュガ・ヘヴィア委員)
「在日朝鮮人は、多くが市民的政治的権利を制限されている。次回はもっと詳細に報告されることを期待する」(タン委員)
「在日朝鮮人について日本政府報告書はマイノリティという言葉を用いていないがなぜか。民族名の重要性を指摘したい。差別されることを恐れて民族名を隠して日本名を使用する例が多いという。バイリンガルな教育を受ける権利が認められるべきである。人種差別への対策には適切な法システムが必要であるが、日本は不十分ではないか。人種差別を撤廃する努力をしているというが、撤廃プログラムは法律なしにできるのか」(ピライ委員)

これに対して日本政府は次のように回答した。
「法的地位は報告書にある通りである。入管特例法が制定され、一九九一年以降、日韓で協議している。朝鮮人学生に対する人種差別行為は、法務省が日頃から様々な啓発活動をしている。嫌がらせや暴行は、法務省職員や人権擁護委員が児童・生徒の通学路や交通機関で冊子を配布したり、拡声器で呼びかけをしている。警察も警戒強化をしている。学校その他の関係機関との協力連携を行なって未然防止に努めている。一九九四年の検挙は三件である。一九九八年八月から九月には六件を認知したが検挙に至っていない」

このうち啓発活動や冊子等の配布については、一九九八年のチマ・チョゴリ事件の際に在日朝鮮人・人権セミナー(筆者)と在日本朝鮮人人権協会とが協力して、法務省人権擁護局に説明を求めたが、ほとんど実体のない活動に過ぎないと思われた。二〇〇一年二月二七日の政府とNGOの意見交換会において、政府は配布したボールペンを初めて提示したが、在日朝鮮人の人権保障とはおよそ無縁のボールペンにすぎない。

委員会の「最終所見」は次のようにまとめられた。

「14．委員会は、朝鮮人（主に子どもや児童・生徒）に対する暴力行為の報告、およびこの点における当局の不十分な対応を懸念し、政府が同様の行為を防止し、それに対抗するためのより断固とした措置をとるよう勧告する」

「16．朝鮮人マイノリティに影響を及ぼす差別を懸念する。朝鮮学校を含むインターナショナルスクールを卒業したマイノリティに属する生徒が日本の大学に入学することへの制度的な障害のいくつかのものを取り除く努力が行なわれているものの、委員会は、とくに、朝鮮語による学習が認められていないこと、在日朝鮮人の生徒が上級学校への進学に関して不平等な取扱いを受けていることを懸念する。日本に対して、この点における朝鮮人を含むマイノリティの差別的取扱いを撤廃し、公立学校におけるマイノリティの言語による教育を受ける機会を確保する適切な措置をとるよう勧告する」

「18．日本国籍を申請する朝鮮人に対して、自己の名前を日本流の名前に変更することを求める行政上または法律上の義務はもはや存在していないことに留意しつつ、当局が申請者に対しかかる変更を求め続けていると報告されていること、朝鮮人が差別をおそれてそのような変更を行なわざるを得ないと感じていることを懸念する。個人の名前が文化的・民族的アイデンティティの基本的な一側面であることを考慮し、日本が、かかる慣行を防止するために必要な措置をとるよう勧告する」

また、日本政府報告書は、来日外国人の在留資格や就業における問題を取り上げているが、ＮＧＯは不十分であるとして独自の報告書を提出した。審議の結果、「最終所見」は、外国人の教育や難民の保護も取り上げている。

数々の勧告

これ以外にも委員会では重要な指摘がいくつもなされた。その一部を紹介しておこう。

「条約は国連の最初の重要な人権条約であるが、日本は批准に三〇年かかった。その理由を知りたい」（アブル・ナスル委員）

日本政府に三〇年もの怠慢を許してきた法律家・市民・メディアも反省が必要である。

「人権侵犯事件の調査対象には人種差別も含まれる、強制力のない調査は現実的とはいえない、結果として人権侵犯があった場合、加害者に反省させる措置は効果をあげたのか。実際に反省したのか」（ロドリゲス委員）

石原都知事を見れば答えは明らかであろう。この社会から責任や反省という文字が消失しつつあるようにすら見える。

「第七条の意識啓発活動については、特に委員会のコメントを普及するべき。裁判官、警察官、法学部学生、入管職員に徹底するべきである」（ロドリゲス委員）

自由権規約委員会でも「日本の裁判官が国際人権法を学んでいない」と指摘されたことが思い起こされる。

「人種差別に関する意識を高めることは重要である。一部の日本人は人種的優越感をもっている。軍国主義日本がアジアを侵略したが、その気分が一部に残されている。一般国民への教育が大切である。積極的な措置を期待する」（タン委員）

歴史を偽造する汚れた教科書が政治力を利用して強引に検定を通過した。中身も人種差別と偏見を煽る粗悪な教科書である。

「複合差別がある。本日三月八日が、女性デーであることも想起して言うのだが、ジェンダーによる人種差別を取り上げるべき。在日朝鮮人女性への暴力被害も報告するべきである。女性が人身売買の被害にあっている。日本人と結婚した女性がＤＶ被害を受け、日本人配偶者の地位を失わないために被害届ができず沈黙している」（ピライ委員）

ジェンダー差別と人種差別の複合的性格の解明と対策は、委員会でも議論が始まったばかりであり、日本政府の取組みも遅れている。今後の重要課題である。

この点は「最終所見」にも取り入れられた。

「22．次回報告書に、ジェンダーと民族的・種族的集団ごとの社会・経済的データ、性的搾取や性暴力を含むジェンダー関連の人種差別を防止するためにとった措置に関する情報を含めるよう勧告する」

人種差別撤廃について、日本はスタートしたばかりである。人種差別の克服にはまだまだ長い歩みが必要である。差別される側にとってはあまりに長い、いつまで待たなければならないのか、と溜息をつくような話になってしまうが、委員会の審査と「最終所見」を武器に、今度は国内で人種差別との闘いの戦線を組み、法律制定や制度改革を一つひとつ実現していくしかない。

「最終所見」は、次のように注文をつけている。

「26．日本政府報告書を一般の人々が容易に入手できるようにすること、報告書に関する委員会の最終所見も同様に公表することを勧告する」

以上、本章では人種差別撤廃委員会（国連人権機関）における国際人権法の議論を紹介してきた。本書を通じての基本旋律である。

しかし、差別の問題は国際人権法だけで解ける問題ではない。どのような差別がなぜ起きているのかは社会学や心理学による分析を待たねばならない。差別にいかに立ち向かうのかは、一人ひとりの市民の構えの問題であり、思想の問題である。これらの諸問題の重要性はいうまでもないが、本書で詳しく立ち入ることはできない。

ただ、最近、在日朝鮮人の側から、「差別の現象学」として参考になる議論が提起されているので、本章の最後にその議論に学ぶことにしたい。

「日本において朝鮮人が陥っている苦境は、それ自体、日本という巨大な密室におけるドメスティック・バイオレンスなのではないか」

郭基煥《カクギファン》は、現象学を手がかりに「差別の哲学的人間学的問い」に迫る(『差別と抵抗の現象学』新泉社、二〇〇六年)。郭は、まず被差別体験を現象学的に分析し、その生成と意味を問い返した上で、差別行為の分析に向かう。人間を差別へと誘引する人間的条件とは何かを問うのである。

「〈私〉における他者の超越は、もっとも基層においては、他者は、別の他者のところからやってきたし、同時にまた、別の他者のところへ行きうる存在であるという形で知られている、と言えないだろうか。言い換えれば、他者の超越についての知は、この〈あなたたちの世界〉経験によって形成され、その知の中核に常に保持されているのではないか。他者が別の他者のところからやってきたし、別の他者のところへ行きうるという事態を、ここでは〈社会的運動〉と名づけておこう」

〈あなたたちの世界〉経験によって社会的世界の超越の知が得られる。〈あなたたちの世界〉の痕跡こそが「われわれの社会・国」という社会表象を可能にする。これは単なる一般論や抽象論ではない。郭は次のように論及する。

「差別の力が二つの方向に向けられていることは明らかであり、その点に最大限の注意が払われるべきであろう。その一つは、『被差別者』に対するそれであり、もうひとつは『仲間』に対するそれである。差別は、『仲間』を『仲間』として拘束すると同時に、『被差別者』を『仲間ならざるもの』という『役割』に拘束する。その拘束は具体的には何に向けられているのか。それは、いつも他者の社会的運動に向けられているのだ。したがって、二重に他者の社会的運動を封じ込める行為であると言いうる」

差別者の世界のリアリティは〈あなたたちの世界〉によって脅かされている、と感じられている。それでも自己のリアリティを固持するためには、別のリアリティの存在を意識の内部で抑圧しなければならない。見えているものすら見えなくなるのは、このためである。他者から不意打ちされ、世界を奪われるかもしれないという〈根源的社会的不安〉に促されて、逆に他者に不意打ちをかけ、世界を剥奪しようとするのである。したがって、差別の事実を暴露したり、差別者の罪を非難したり、差別者の暴力性に気付かせるだけでは不十分である。郭は「〈病〉としての差別」について語る。

「人間についての徹底的な反省は、〈あなたたちの世界〉を経験せざるを得ないという変更不可能な人間の条件に対する〈根源的社会的不安〉に、差別へと人を誘惑する最初の動機を見出すのである。その意味では、差別は暴かれるべき〈罪〉ではなく、むしろ治癒されるべき〈病〉なのであり、差別者とは暴力的存在である以前に、不安におののく者なのである」

郭によれば、ヘイト・クライムもまた〈罪〉である以前に〈病〉であるということになるのだろうが、〈病〉であると同時に〈罪〉でもあることが否定されるわけではない。

差別の〈今、ここ〉

郭基煥は、差別を〈罪〉ではなく〈病〉の位相で捉え返そうとする。それは差別者を許したり労わったりするためではない。被差別者の立場から差別を克服するためである。差別されるという経験を人間学的に分析する中から、抵抗する主体としての思想を立ち上げるためである。

しかも、今日、在日朝鮮人に対する差別の位相がかつてとは異なっている。朝鮮政府による日本人拉致事件や「核疑惑」のため、「北朝鮮は当然のこととして警戒され、正当のこととして批判されている」からである。その批判を振り向けられないために、「自分と『北朝鮮』を結びつけることは『間違い』であると自分に納得させることが可能だとしても、心の外部にいる『日本人』が自分の思うように納得するものだと信じきることなどできはしない」という状況に置かれているからだ。この状況の中で、在日朝鮮人は、「北朝鮮の他者化に共犯するよう脅迫」されている。差別者が用意した罠を罠と知りつつ、共犯となることで「未来の同胞への責任」を果たすことも困難をきたしている。

こうした状況を把握した上で、郭は、「差別に対する抵抗の意思の生成とその初源の姿を明らか」にしようとする。フランツ・ファノンの「身体」についての議論や、レヴィナスの「顔」に関する議論を援用した郭は、こう述べる。「命名の暴力は、〈恐怖する分身主体〉への無限責任を生みだす。そしてその責任は、〈恐怖する分身主体〉、理念としての、しかし〈私〉の肉を分け持った被命名者の恐怖への応答である以上、〈私〉が恐怖の中に赴こうとする運動の中でしか果たせないだろう。〈恐怖する分身主体〉は〈私〉に恐怖の中で暴力に抗うように常に責める。恐怖のないところではなく、恐怖のさなかで暴力に抗うこと、つまり〈対決〉の場にいるように責める」

〈責任としての抵抗〉は、命名の暴力によって生み出される経験の構造から生まれる。

「朝鮮人という語で自らを語ろうとした者たち、己の身体でその語が持つ響きを吸収しきろうとした者たちは、この語によって圧倒された同胞、殺されさえした同胞への責任、そして、この語によって圧倒されるかもしれない未来の同胞への責任に呼びかけられた者たちのことなのだ」

〈責任としての抵抗〉は、それゆえ「決して支配者たちに回収されない形で抵抗する」ことを必要とするという。日本における「北朝鮮表象」の現実の中で、共犯化から免れ、〈対決〉へと不可避的に促されること——こうして郭は「差別と抵抗の〈ひそやかな関係〉」を語る地点に到達する。差別の人間学的考察は、差別者と被差別者の対立構図を〈責任としての抵抗〉を手がかりに乗り越えようとする。

日本人の責任

郭は、被差別者が差別から逃れるために「共犯者」になることなく、〈責任としての抵抗〉にたどり着くための議論を展開している。課題は「差別者と被差別者の対立構図」を乗り越えることである。

一見すると、「差別者(日本人)」と「被差別者(朝鮮人)」が固定的に理解されているように見えかねない。もちろん、郭はそのようなことを主張しているわけではない。「差別は、『仲間』を『仲間』として拘束すると同時に、『被差別者』を『仲間ならざるもの』という『役割』に拘束する」と見た上で、この構図を乗り越えることにより、被差別者の主体性回復の理路を明らかにしようとしているのだ。

それでは、「差別者の側に身を置きたくない日本人」の主体性回復はいかにして可能となるのか。私たちが郭に学ぶべきことは、この点である。

第1章で紹介したように、在特会の野蛮な差別行為に憤り、ただちに声を上げた日本人がいる。同じ日本人として恥ずかしいと感じた日本人がいる。言葉尻を捕らえて「それもナショナリズムだ」などと言うのは短絡的である。

被害者への同情や憐憫を語る日本人がいる。同情や憐憫の問題ではないことを理解していないわけではないだろう。ただ、居ても立ってもいられず、とりあえず紡いだ言葉が、同情や憐憫の言葉だったのだろう。

各地の日本人が、さまざまな地域から、それぞれの言葉で、朝鮮学校の子どもたちに届けようとしたメッセージは何なのか。そこに〈責任としての抵抗〉を、私たちは見るべきだろう。

郭は「差別者の世界のリアリティは〈あなたたちの世界〉によって脅かされている、と感じられている」と述べて、卑劣な人種差別集団のメンタリティを巧みに描いている。そうであれば、「〈あなたたちの世界〉によって脅かされている」と感じる理由の探求によって、謎の一端は解け、差別の迷路にさまよいこまずに済むだろう。「差別は暴かれるべき〈罪〉ではなく、むしろ治癒されるべき〈病〉なのであり、差別者とは暴力的存在である以前に、不安におののく者なのである」。〈病〉に気づくことが治療の始まりである。「不安におののく」自己を見据えることが第一歩である。

そして、郭はこう述べる。「恐怖のないところではなく、恐怖のさなかで暴力に抗うこと、つまり〈対決〉の場にいるように責める」。被差別の朝鮮人が「恐怖のさなかで暴力に抗うこと」を思想的に実践しようというのだ。それでは、差別される恐怖のない（あるいは少ない）日本人が、差別と暴力の側に身を置かないためには、いかなる思想的構えが要請されるのだろうか。

最後に、郭は、〈責任としての抵抗〉とは、「決して支配者たちに回収されない形で抵抗する」ことだと指定する。そうであれば、日本人の側でも「決して差別者たちに回収されない形で抵抗する」課題があるはずだ。人種差別禁止法もヘイト・クライム法もない日本で、差別に向き合うための〈責任としての抵抗〉はいかにあるべきだろうか。

第3章　コリアン・ジェノサイドとは何か

——よみがえる関東大震災朝鮮人虐殺

歴史的に考える

最近の外国人差別と迫害の事件をそれだけ取り出して見ただけでは、事件の本質や被害の深刻さを理解することはできない。日本における人種主義と人種差別の問題性も見えてこない。

事件の問題性を適確に理解するためには、第一に、歴史的に考える必要がある。朝鮮人に対する差別の歴史全体を総合的に把握する必要がある。前章ではその一部を垣間見たが、本章では遡って関東大震災朝鮮人虐殺を典型事例として見ていこう。近現代日本が抱え続けてきた病巣がよく見えるからである。

第二に、関東大震災朝鮮人虐殺を日本国内の一地方における偶発的事件としてではなく、世界史のなかに位置づけて、国際基準で見ていく必要がある。国際法に照らして考えよう。キーワードはジェノサイドと人道に対する罪である。

以下では、第一に、議論の手がかりとして石原慎太郎東京都知事の「三国人」発言を取り上げる。第二に、最初のジェノサイドであるアルメニアン・ジェノサイドについて見る。第三に、ジェノサイドとは何かという法律の定義を確認する。第四に、「関東大震災朝鮮人虐殺はジェノサイドである」「ジェノサイドを教唆したのは日本政府である」ことを確認する。さらに人道に対する罪についても確認したうえで、コリアン・ジェノサイドを世界史の中に位置づけてみたい。最後に、私たちに何ができるかを考えよう。

石原都知事の差別発言

第一に、石原都知事の差別発言である。いま「差別発言」と呼んだが、ここでは単なる「差別発言」ではなく「人種差別の煽動」であることに関心を向けていきたい。「ジェノサイドの教唆」ともつながりを持つからである。

石原都知事発言とは、二〇〇〇年四月九日、陸上自衛隊の記念式典において「今日の東京を見ますと、不法入国した多くの三国人・外国人が非常に凶悪な犯罪を繰り返している。もはや東京の犯罪の形は過去と違ってきた。こういう状況で、すごく大きな災害が起きた時には大きな騒擾事件すらですね、想定される、そういう状況であります」と挨拶したものである。

この発言は、単なる差別発言ではなく、いくつもの嘘をまぎれこませた悪質な差別の煽動である。

①「三国人」という言葉自体が、戦後日本で朝鮮人・中国人に対して差別的に用いられた言葉である。

②「三国人」とされた人々のほとんどは、日本で生まれ育っているから「不法入国」などしない。できない。それにもかかわらず「不法入国」などとレッテルを貼る。

③「三国人・外国人が非常に凶悪な犯罪を繰り返している」という事実がない。外国人も日本人もさまざまな犯罪をしている事実はある。しかし、凶悪犯罪は減少してきたのが事実である。それでも残念ながら凶悪犯罪が起きるが、その大半は日本人によるものである。

④災害時に自然に騒擾事件が起きたことはない。起きたのは関東大震災朝鮮人虐殺のように日本政府が仕組んだ騒擾事件である。

最初から最後まで嘘で固めた石原発言だ。虚偽に基づく差別と差別煽動を、陸上自衛隊の前で行なったのだから、意味するところは明白だ（内海愛子・高橋哲哉・徐京植編『石原都知事「三国人」発言の何が問題か』影書房、二〇〇〇年参照）。

二〇〇一年三月、ジュネーヴ（スイス）のパレ・ウィルソン（国連人権高等弁務官事務所）で開催された人種差別撤廃委員会における日本政府報告書の審査の結果、人種差別撤廃委員会は日本政府に対して次のような勧告を出した（勧告全体については本書第2章参照）。

「委員会は、高位の公務員が行なった差別的な発言と、特に、条約第四条（c）違反の結果として、当局が取るべき行政上または法律上の措置をとっていないこと、またそうした行為は人種差別を助長、煽動する意図があった場合にのみ処罰されるという解釈に、懸念をもって注目する。締約国が、こうした事件の再発を防ぐための適切な措置をとり、特に、公務員、法執行官および行政官に対し、条約第七条に従って、人種差別につながる偏見と闘う目的で適切な訓練を行なうよう求める」

石原発言は、歴史的なジェノサイドとの関連抜きに語ることはできない。単なる「人種差別の煽動」ではなく、自衛隊の前で地震などの際に自衛隊の出動を、と呼びかけたのだから、「ジェノサイドの教唆」の一歩手前と言うべきである。関東大震災朝鮮人虐殺の歴史を持ちながら、あえてこのような発言をしたのだから極めて悪質だ。もっとも深刻なのは、日本政府の対応である。日本政府は石原発言を懸命になって擁護するという、信じがたい対応をして、委員会の顰蹙を買った。

ジェノサイドとは

それではジェノサイドとは何か。そしていまジェノサイドについて語ることにどのような意味があるのか。

一九四八年一二月九日に第三回国連総会で採択されたジェノサイド条約（一九五一年発効、批准国は一三四カ国、日本は未批准）は、その前文で「ジェノサイドが、国連の精神および目的に反し、かつ、文明世界から強く非難された国際法上の犯罪であるとする、一九四六年一二月一一日の国連総会決議九六（I）を考慮し、歴史上あらゆる時期においてジェノサイドが人類に多大な損失をもたらしたことを認め、この忌まわしい苦悩から人類を解放するためには国際協力が必要である」としている。

ジェノサイド条約第一条は「締約国は、ジェノサイドが、平時に行なわれるか戦時に行なわれるかを問わず、国際法上の犯罪であることを確認し、かつ、これを防止し処罰することを約束する」とする。条約第二条はジェノサイドの定義を示し、同第三条は処罰すべき行為について明示し、条約第四条は、犯罪者の地位は問わないとし、「憲法上の責任ある統治者であるか、公務員であるか、または私人であるか」を問わず、いかなる者によるジェノサイドも処罰すべきだとしている。

日本政府はジェノサイド条約を批准していない。しかし、二〇〇二年に日本政府が加入した国際刑事裁判所規程は、ジェノサイド条約の内容をそのまま盛り込んだものである。日本政府も現在はジェノサイド防止の国際的協力体制に参入している。

それでは関東大震災朝鮮人虐殺をジェノサイド概念に照らして位置づけ直すことにしよう。

アルメニアン・ジェノサイド

ジェノサイドの典型例は、ナチス・ドイツによるユダヤ人虐殺である。ただ、ジェノサイドという言葉を作ったときに念頭に置かれた最初のジェノサイドは、一九一五年のアルメニアン・ジェノサイドである。ジェノサイドという言葉は、ラファエル・レムキンが一九四四年につくった造語だが、念頭にあったのはアルメニアン・ジェノサイドである。ジェノサイドという言葉ができるよりも前の出来事だが、アルメニアン・ジェノサイドと呼ばれる（中島偉晴『アルメニア人ジェノサイド』明石書店、二〇〇七年参照）。

第一次大戦時、ロシアとトルコが交戦状態になった。トルコはアルメニア人がロシア側につくと考え、アララト山周辺地域のアルメニア人を強制移住させ、従わない場合には攻撃した。被害は五〇万とも一〇〇万とも言われる。多数のアルメニア人が外国に逃れた。有名歌手のシャルル・アズナブールもその子孫である。フランスやオランダでアルメニア系の人と出会うことは決して珍しくない。現在、カスピ海沿岸につくられたアルメニア国家の人口は三五〇万人である。被害の大きさは想像を絶するものであった。

アルメニアと言っても聞きなれないかもしれない。二〇〇八年に、ロシア軍がグルジアに侵駐したが、グルジアの隣がアルメニアである。黒海とカスピ海の間で、グルジア、オセチアなどでの事件、カスピ海沿岸の石油とガスをめぐる国際政治が吹き荒れる地域である。

アルメニア人が多数フランスに逃げたこともあって、二〇〇〇年から二〇〇一年にかけて、フランス議会でこの問題が取り上げられ、フランス議会は「アルメニア事件はジェノサイドであった」と決議した。このためトルコとフランスの外交問題に発展した。二〇〇五年にはアメリカ議会でも議論が巻き起こっている。それほど有名な事件で、西欧ではアルメニア人を「第二のユダヤ人」と呼ぶくらいである。

一九一五年当時、フランス・イギリス・ロシアの共同宣言では、この事件を「人道と文明に対する罪」と呼んでいる。国際法上、人道に対する罪という言葉が用いられたのはこれが最初だとも言われる。ジェノサイドと人道に対する罪という二つの異なった概念は、登場した最初から共通性を持っていた。

一九一九年にキャルソープ高等弁務官は責任者処罰が必要だと唱え、イギリス軍がトルコに進駐して、トルコ人容疑者六七人を身柄拘束し、地中海のマルタ島に送った。裁判のために協議が続けられ、一九二〇年のセヴル条約案では戦争犯罪条項がつくられた。しかし、ナショナリズムに燃えるトルコ側の反発が激しくなり、イギリスは一九二一年にトルコと捕虜交換協定を結び、六七人は釈放された。一九二三年のローザンヌ条約では恩赦が決定され、責任者処罰は実現しなかった。一部の犯罪者がトルコのイスタンブール裁判所で裁かれるにとどまった。その裁判でも人道に対する罪を裁くことが意識されていた（前田朗『人道に対する罪』青木書店、二〇〇九年）。

アルメニアン・ジェノサイドについて、いくつか確認しておこう。

①最初のジェノサイドである。歴史的には古くから大虐殺があるが、ジェノサイドという考え方に直接の関連を持った最初の事件であり、二〇世紀最初のジェノサイドである。

②当時すでに重大犯罪として処罰が要請された。実際の処罰は不十分だったが、当時から処罰するべき重大犯罪であると了解されていた。

③戦争の混乱は弁解にはならない。トルコは今でも、アルメニア人の被害事実はあったが、戦争の混乱の中で起きた悲劇だと弁解している。トルコ人も苦労したのだと言う。アルメニアも、フランスやアメリカもこの弁解を認めていない。

④九〇年たってもフランス議会やアメリカ議会で議論が行なわれている。トルコ政府が責任を認めず、弁解を繰り返しているからである。

⑤アルメニア人の努力も指摘しておく必要がある。フランス議会を動かしたのは亡命アルメニア人である。戦争犯罪やジェノサイドには時効がない。ナチス戦犯の責任追及がいまも続いているように、人道に衝撃を与えるような重大かつ深刻な犯罪は適切に扱う必要がある。

レムキンの提案

ポーランドの刑法学者ラファエル・レムキンは、すでに一九三〇年代に国際刑法の分野で、重大な虐殺を特別な犯罪として処罰するための議論を展開していた。ところが、ナチス・ドイツがポーランドを支配したので、ユダヤ人であったレムキンはアメリカに亡命を余儀なくされた。そして、一九四四年に、アルメニアやナチスの虐殺を念頭において、ジェノサイドという犯罪類型を考えた。レムキンは、国際社会がアルメニアン・ジェノサイドに適切に対処していれば、ナチスの犯罪を防げたのに、と考えた。

第二次大戦後、国連が創設されると、レムキンは国連に乗り込んでジェノサイド条約の制定を推進した。レムキンはジェノサイドを次のように定義した（前田朗『ジェノサイド論』青木書店、二〇〇二年）。

「国民集団の生命の本質的基礎を、その集団自体を全滅させようとして、破壊しようとするさまざまの行為の連結した企図。その企図の目的は、国民集団の文化や、言語、国民感情、宗教、経済の存在を解体したり、その集団に属する個人の人身の安全、自由、健康、尊厳や生命を破壊することである。ジェノサイドは、統一体としての国民集団に向けられ、その行為が個人に向けられるのは、その個人の特性によるのではなく、その国民集団の一員であることによる」

レムキンの提案には、後にまとめられたジェノサイド条約と大きく違う点がある。文化、宗教、道徳を重視していることである。物理的生物学的に民族を抹殺することだけではなく、民族の文化や宗教を奪うことによって、結果として民族を抹殺することもジェノサイドの典型だと考えた。学校教育の組み換え、図書館利用の禁止、新聞の停止などによって、その民族の言葉を奪って、別の言葉を押し付けることも、レムキンの考えでは、ジェノサイドの要素である。

日本の朝鮮植民地政策が何であったのか、アイヌ民族政策が何であったのかも、ジェノサイドの観点で見直す必要がある。文化ジェノサイドの視点も無視できない。

ジェノサイドの定義

国連は一九四六年から一九四八年にかけてジェノサイド条約を準備した。一九四八年一二月に条約ができ上がったが、その議論の過程で、文化ジェノサイドについては、犯罪の成立要件を明示することは難しいと考えられたため、ジェノサイド概念は主に物理的ジェノサイドと生物学的ジェノサイドを中心に整理された。レムキンのジェノサイド概念とはやや異なる。ジェノサイド条約第二条はジェノサイドを次のように定義している。

国民、民族、種族または宗教集団の全部または一部を破壊する意図をもって、次に掲げる行為を行なうこと。

（a）集団の構成員を殺害すること
（b）集団の構成員に対して、重大な身体的または精神的な害悪を加えること
（c）集団の全部または一部についてその身体の破壊をもたらすことを意図した集団生活の条件をことさらに押し付けること
（d）集団内の出生を妨げることを意図した措置を課すこと
（e）集団の子どもを他の集団に強制的に移転すること

以上の五類型がジェノサイドと決まった。注意すべきことは、ジェノサイドは「集団殺害」ではないということである。従来、集団殺害という訳語が用いられてきたし、筆者もこの訳語を使うことがある。しかし、ジェノサイドは、殺害以外に、心身の害悪を加えることや、子どもを強制移転することなども含む。一九四八年の定義が、一九九八年の国際刑事裁判所規程にも引き継がれたので、今も同じ定義が採用されている。国際法におけるジェノ

サイドの定義は確定したと言える。

戦争犯罪やジェノサイドを裁くために設立された国際刑事裁判所の締約国会議において承認された文書「犯罪の成立要素」は、例えば、（a）の「殺害によるジェノサイド」について次のように示している（（b）～（e）については省略）。

第六条（a）殺害によるジェノサイド

1 実行者が、一人または複数の人を殺した。

2 その一人または複数の人が、特定の国民、民族、種族または宗教集団に属していた。

3 実行者が、その国民、民族、種族または宗教集団をそれ自体として全部または一部を破壊することを意図した。

4 実行行為が、その集団に対して向けられた明らかに同様の行為のパターンの文脈で行なわれた。または、その行為が、それ自体、そうした破壊をもたらしうるものであった。

コリアン・ジェノサイド

以上のジェノサイド概念に照らして、コリアン・ジェノサイドについて考えていこう。コリアン・ジェノサイドを考えるには、少なくとも、①植民地朝鮮におけるジェノサイド（趙景達《チョギョンダル》『異端の民衆反乱』岩波書店、一九九八年参照）、②関東大震災ジェノサイド、③第二次大戦後における在日朝鮮人弾圧、をそれぞれ検討する必要がある。しかし、ここでは関東大震災ジェノサイドに限定して話を進める。

関東大震災朝鮮人虐殺に関する文献は数多い。とりわけ、その権力犯罪性を解明した最近の重要文献・報告に従って見ていきたい（関東大震災八〇周年記念行事実行委員会編『世界史としての関東大震災』日本経済評論社、二〇〇四年、関東大震災八五周年シンポジウム実行委員会編『震災・戒厳令・虐殺——事件の真相糾明と被害者の名誉回復を求めて』三一書房、二〇〇八年、および日本弁護士連合会『報告書』）。まず、二〇〇七年八月にさいたま市で開催された「在日朝鮮人歴史・人権週間」の報告をもとに見ていこう。

石田貞（埼玉県朝鮮人強制連行真相調査団日本人側代表）の報告「デマ打電『内務省』↓『県』↓『市町村』↓『自警団』」によると、一九二三年九月一日に地震が起きると、一日午後には早くも埼玉県南部で「朝鮮人が井戸に毒を入れた」の類の噂が広がり始めた。二日には戒厳令が出された。二日には、埼玉の地方課長が東京の本省と打ち合わせ、全県下の町村に自警団結成を促す移牒文「不逞鮮人暴動に関する件」を出した。さらに在郷軍人会・消防団・青年団による自警団を結成して警戒するように促した。通牒は一つではなく複数あり、電話でも伝えたので、繰り返し呼びかけがなされた。こうして熊谷、本庄、上里など各地で自警団による朝鮮人虐殺が続発した。埼玉で虐殺が起きたのは、国が戒厳令体制で軍隊に上京命令を出す状況の中で、直接東京の内務省の指示を受けたためである。国の政策がもとになって自警団や群集が虐殺に走った。

山田昭次（立教大学名誉教授）の報告「朝鮮人虐殺六〇〇〇人・自警団に対する判決」によると、九月五日に各方面の主任クラスの官憲が臨時震災救護事務局警備部に集まって、朝鮮人暴動を捏造する意思統一をした。一〇月二〇日、司法省が朝鮮人の「犯罪」なるものを発表し、不逞の輩が犯罪を行なったので、日本人は自衛のために朝鮮人を虐殺したことにした。しかし、その情報には信憑性がない。治安当局は、朝鮮人の調査団による虐殺被害調査を徹底的に妨害した。遺体を掘り起こして持ち去るなど犯罪の隠蔽工作を繰り広げた。虐殺事件の裁判では、被告人の大部分に執行猶予がつき、実刑率は一六・五％にすぎない。朝鮮人を殺した事件の最高刑が三年余にすぎない。朝鮮人虐殺については極めて寛大な検挙と裁判が行なわれ、官憲側の責任も隠蔽された（山田昭次『関東大震災時の朝鮮人虐殺』創史社、二〇〇三年など)。

軍隊と警察による虐殺

梓澤和幸(弁護士)の報告「日弁連勧告の趣旨と再発防止」は、日弁連調査委員会に加わった委員の一人としての経験をもとに、朝鮮人虐殺は興奮した民衆による虐殺というよりも、基本的に、国が自ら行なった虐殺や、国が民衆にやらせた虐殺であると強調した。第一に「軍隊による虐殺」である。九月一日から四日までの四日間に二八三人を銃殺している。第二に「自警団を作れという指令」である。約一五〇〇もの自警団がつくられ、各地で虐殺が行なわれた。単なる民衆による虐殺ではなく、日本政府の責任である。

軍隊による虐殺については、姜徳相《カンドクサン》(滋賀県立大学名誉教授)の研究が詳しい。それは事件を独立運動に対する弾圧として再認識することであった。

従来、震災の混乱時の「朝鮮人が井戸に毒を投げ入れた」という流言飛語によって民衆が惹き起こした虐殺という神話が流通してきた。しかし、戒厳初動軍の中心となった部隊の行動を見ると、九月一日夜半に警備救援出動した國府台野重砲連隊は、二日早朝に戒厳軍となり、岩波隊は朝鮮人二〇〇名を虐殺、松山隊は三〇〇名、また岡野隊は一七〇名を捕虜にした。九月二日早朝、戒厳令を受けた習志野騎兵連隊は「敵は朝鮮人」の認識で出動し、問答無用の朝鮮人狩りを行なった。

民衆が流言飛語に乗せられて虐殺したのではなく、最初から軍隊が組織的に虐殺している。続いて各地の警察が朝鮮人暴動のデマを流した。軍隊や警察の行動を知った民衆が、各地で自警団を組織し、大虐殺に発展していく。単なる混乱時の流言飛語による虐殺ではなかったことが明らかである。

なぜ日本軍はこれほど迅速に朝鮮人狩りを始めたのか。なぜ警察は朝鮮人暴動のデマを捏造したのか。その理由を探るならば、三・一朝鮮独立運動と、これに対する弾圧が大きな影を及ぼしていたことがわかる。

三・一独立運動に先行する旧韓末の義兵戦争では、日本軍死者一三六、負傷者二二九、韓国義兵死者一七、七七九、負傷三、七〇六である。戦争というべき内実を持っていたことが見えてくる。義兵戦争に対する勝利の結果、日本は韓国を併合した。だからこそ現役陸海軍大将を総督とする統治が行なわれた。抵抗する者を「不逞鮮人」として徹底的に迫害、弾圧した。

その延長で三・一独立運動が発生した。独立万歳、生存権を主張する朝鮮民衆に対する弾圧は、「戦争の論理」にたって行なわれた。七、五〇〇名の犠牲は、まさに戦争被害である。その後も、日本軍と朝鮮軍の戦闘が繰り返された。三・一独立運動の影響を受けた中国五・四運動も日本に衝撃を与え、弾圧がいっそう激化した。東アジアにおける「植民地防衛戦争」という観点で見るべきである。

関東大震災時の戒厳軍の中心人物は、石庭二郎軍事参議官をはじめとして、朝鮮や満州で朝鮮独立運動を弾圧した経験のある軍人たちである。同様に警察の中枢は、朝鮮総督府政務総監だった水野錬太郎内務大臣と、総務局長だった赤池濃警視総監のコンビであった。

軍隊と警察が率先して朝鮮人虐殺を実行し、朝鮮人暴動のデマを流して民衆を興奮させ、虐殺を煽動した。その結果、六六六一名以上とも言われるおびただしい犠牲者が出た。しかし正確な犠牲者数は未だわからない。前述したように日本政府が真相究明を行なうどころか隠蔽を続けているためである。

軍隊と警察が、朝鮮人集団をターゲットに組織的に大規模に行なった虐殺。警察および政府が組織的に流した朝鮮人暴動のデマ。これに触発された民衆が「愛国心」と恐怖に駆られて敢行した虐殺。これはジェノサイドや人道に対する罪という国際法上の重大犯罪であった。第一の責任は日本政府にある。

ジェノサイドの意図

法解釈上の問題点を確認しておこう。

第一に、ジェノサイドは、実行者が「特別の意図」をもって客観的行為を行なったことが必要である。特別の意図とは「国民、民族、種族または宗教集団を全部または一部を破壊する意図」である。これは通常の犯罪のメンズ・レア（主観的要素）とは異なる。通常の犯罪のメンズ・レアは、「事実」を知っていたことである。殺人罪であれば、「自分が生きている人を殺そうとしていると知りながら、その人を殺すための行為をしようと決意する」ことである。ジェノサイドでは、「事実」を知っていたことに加えて、「特別の意図」を持っていたことを必要とする。「破壊」は身体的物理的破壊を意味している。文化ジェノサイドを除外する含意をもっているからである。

関東大震災朝鮮人虐殺時に、朝鮮人集団の全部または一部を破壊する意図があったか否かが問題になる。鈴木という日本人が、日頃から個人的に恨みを持っていた李という朝鮮人を殺しても、ジェノサイドではなく、殺人罪である。鈴木が、朝鮮人一般を憎んで、朝鮮人迫害のさなかに、李が朝鮮人であるが故に、李を殺せば、まぎれもなくジェノサイドである。

ルワンダにおける一九九四年のツチ虐殺を裁いたアカイェス事件ＩＣＴＲ一審判決（一九九八年九月二日）は、特別の意図とは「実行者が、訴追された犯罪を引き起こす明白な意図をもっていた」ことを要するとしている。実行者は特別の意図を持って客観的行為を行なった場合にだけ責任を問われる。ＩＣＴＲとはルワンダにおけるツチ虐殺を裁くためにつくられたルワンダ国際刑事法廷である。

それでは、実行者が「そんな意図はなかった」と言い張れば、ジェノサイドが成立しないのであろうか。

クリスティン・バイロンの論文「ジェノサイドの罪」(Dominic McGoldrick,Peter Rowe and Eric Donnelly(ed), The Permanent International Criminal Court,Hart Publishing,2004)は、「破壊する意図は被告人の行為から推認できるか」と問いを立てている。多くの学者の論文でも、国際法廷であるICTRやICTY(旧ユーゴスラヴィア国際刑事法廷)の判決でも、この問いには肯定の答えが出されてきた。実行者の自白がなければ特別の意図を認定できないことになれば、ジェノサイドはほとんど成立しないことになってしまうからである。とはいえ、検察官が被告人に特別の意図があったことを合理的な疑いを超えて立証しなければならないので、こうした意図が推論できるのは補強証拠が十分に存在する場合だけということになる。

少し複雑な話になってきたが、自分が、どのような状況でどのような位置にあって何をしようとしているのかを知りながら、特定の集団の一員を殺す決意をしたとすれば「特別の意図」があったと認定できる。

関東大震災時の日本内務省や、殺人実行にかかわった日本人の中に、朝鮮人に対する差別を基礎とした、迫害、排除、破壊の意図があったことを確認することは、客観的証拠、状況証拠によって可能となる。補強証拠は十分といえるだろう。

ジェノサイドの客体

第二に、「集団の構成員を殺害すること」について見ておこう。特定の集団の構成員を、その構成員であると認識し、集団の全部または一部を破壊することを意図して殺害することである。多数の構成員を殺害したことを必要としない。ジェノサイドがしばしば「集団虐殺・大量虐殺」と訳されるために誤解されがちだが、個人の刑事責任が問われる犯罪の成立要件としては、一人殺せば足りる。実際に一人の殺害でジェノサイドの認定が行なわれることはまれであろうが、多数の犯行者によるジェノサイドが行なわれている状況で、同じ意図をもって一人殺害すれば、理論的にはジェノサイドが成立する。

関東大震災朝鮮人虐殺は、非常に広範囲にわたって実行された。それぞれの実行犯には全体状況がどうなっていたかの認識が十分になかったかもしれない。事件は群馬、埼玉、千葉、東京、神奈川で発生した。各地の実行犯の間に相互の連絡があったわけではない。

しかし、「朝鮮人が井戸に毒を入れた」などのデマ宣伝が官憲によって流布されたことによって、互いに知り合いでもない多くの人々が、類似の状況で類似の心理を持たされ、朝鮮人に対する迫害行為に出ることになった。わざわざ朝鮮人を探して、朝鮮人であるという理由だけで殺した。一人ひとりの実行犯が「殺害によるジェノサイド」を犯したと考えられる。通行人に「一五円五〇銭」と喋らせて朝鮮人を狩り出した話は有名だが、これはルワンダ・ジェノサイドにおける検問所とまったく同じ方式である。

第三に、ジェノサイドの直接かつ公然の教唆である。「朝鮮人が井戸に毒を入れた」の類のデマ宣伝は、内務省から県へ、県から市町村へ、市町村から自警団へと伝達された。大震災で混乱し、騒然としている状況において、デマ宣伝が果たした役割は非常に大きなものがあった。人々を恐怖に陥れ、反朝鮮人感情を爆発させ、結果として各地で朝鮮人虐殺が発生した。

以上のことから、次の帰結を導くことができる。

①関東大震災朝鮮人虐殺は、上からのデマ宣伝によって、つまり「直接かつ公然たる教唆」によって、組織的意図的に惹き起こされたジェノサイドである。デマ宣伝に加担した者には、ジェノサイドの直接かつ公然の教唆という犯罪が成立する。

②虐殺に手を染めた実行犯のそれぞれにジェノサイドの犯罪が成立する。殺害によるジェノサイドである。ジェ

ノサイドは未遂や共犯も処罰されるべき犯罪である。

③ジェノサイドの教唆と、ジェノサイドは、ともに個人ではなく、組織としての日本政府の犯罪が中核にある。個人によるジェノサイドも犯罪であるから見逃せないが、最大の犯罪者は日本政府である。

山田昭次は、関東大震災朝鮮人虐殺に関して、戦後日本の民衆責任を追及してきた。その中で、山田は日本政府による真相の隠蔽を明らかにし、隠蔽を許してきた日本民衆の責任を果たすことを強調している（山田昭次『関東大震災時の朝鮮人虐殺』前掲ほか多数の論文）。

日本政府がこのような隠蔽工作を行なったのは、当時から重大深刻な犯罪であるとの自覚があったからである。

人道に対する罪とは何か

関東大震災朝鮮人虐殺は「人道に対する罪」にもあたる。最低限必要なことだけ確認しておこう（詳しくは前田朗『人道に対する罪』前掲参照）。

人道に対する罪を最初に裁いたニュルンベルク裁判の根拠となったニュルンベルク裁判条例第六条（c）は次のように規定している（東京裁判では人道に対する罪を明示的に適用していない）。

条例第六条（c）人道に対する罪――すなわち、犯行地の国内法に違反するか否かにかかわらず、法廷の管轄権内にある犯罪の実行に際して、またはそれと結びついて、戦前または戦中に民間人に対して行なわれた殺人、せん滅、奴隷化、強制移送、その他の非人道的行為、または政治、人種、宗教的理由に基づく迫害。

もともと、人道に対する罪を裁くという考え方は、第一次世界大戦後のイスタンブール裁判において登場した。アルメニアン・ジェノサイドに対して行なわれた裁判である。トルコ政府がイスタンブール裁判を開き、その際に「人道と文明に対する罪」を裁くと表明した。

それでは「人道」とは何か。今日、「国際人道法」と呼ばれる法体系があるが、これは一九七〇年代に、赤十字国際委員会（本部ジュネーヴ）を中心に、各国政府代表が集って開催された「武力紛争に適用される国際人道法の再確認と発展」という政府専門家会議以来、使われるようになったものだ。「再確認」とあるように、それ以前から「国際人道法」が存在していたと理解されているが、言葉としてはこの時期に使われるようになった。不戦条約による戦争の違法化、国連憲章の武力不行使の原則によって、国際社会は戦争を過去のものとした。しかし、実際には武力紛争が起きる。そこで非人道的行為が行なわれることを予防するために国際人道法が用意されている。

国連人権委員会で「人道の基本的基準」を明らかにする試みが続けられた。その作業の中でスイス政府が二〇〇〇年に人権委員会に提出した文書が参考になる。スイス政府は「人道の基本的基準」を確立するための基本文書として次の五つを列挙している。

①国際刑事裁判所規程のジェノサイド、人道に対する罪、戦争犯罪の規定
②国際自由権規約第五条に関する一般的意見の草案その他の各種人権文書
③ジュネーヴ諸条約共通第三条、第二追加議定書、国際慣習法
④国内避難民に関する国連事務総局報告
⑤国際人道法研究所が採択した諸提案（マルテンス条項の難民への適用、非国際的武力紛争に適用される交戦規則、人道援助の原則など）

国際刑事裁判所を設置する根拠規程の国際刑事裁判所規程第七条一項の敷居は「本規程の目的に関して、人道に

対する罪とは、いずれかの一般住民に向けられた広範な攻撃または系統的な攻撃の一環として、この攻撃を知りながら行なった次に掲げる行為のいずれかを意味する」としている。

第一に、戦時か平時かを問わない。どちらであれ一般住民に対する広範な攻撃または系統的な攻撃の間に行なわれた犯罪という本質が重要である。

第二に、「広範かつ系統的な攻撃」ではなく、「広範な攻撃または系統的な攻撃」の一環として攻撃が行なわれたことが必要である。

第三に、個人の行為がそれ自身として広範または系統的に行なわれる必要はなく、広範または系統的な攻撃の一部であれば足りる。

第四に、一般住民に向けられた攻撃でなければ人道に対する罪には当たらない。国家の全住民が攻撃されなければならないという意味ではない。「住民」という用語には集団的性格が含まれ、単発行為を除外している。人道に対する罪は犯行者と同じ国籍の住民や無国籍者に対しても行なわれる。

国際刑事裁判所規程の人道に対する罪には、殺人、せん滅、奴隷化、強姦、強制移送、拷問などさまざまな行為が明示されているが、ここでは、殺人、せん滅、非人道的行為の三つに絞って、国際刑事裁判所規程の解釈のために作成された国際刑事裁判所の「犯罪の成立要素」を手がかりに、人道に対する罪の成立要素を確認していこう。

人道に対する罪の定義

第一に「人道に対する罪としての殺人」である。

第七条第一項（a）人道に対する罪としての殺人

①実行者が、一人以上の人を殺した。
②実行行為が、民間住民に対する広範な攻撃または系統的な攻撃の一環として行なわれた。
③実行者が、実行行為が民間住民に対する広範な攻撃または系統的な攻撃の一環として行なわれたことを知っていた。

人道に対する罪としての殺人は、一九一五年の仏英露宣言や一九一九年のヴェルサイユ委員会報告に採用されて以来、一貫して人道に対する罪の冒頭に掲げられてきた。ニュルンベルク裁判条例第五条や東京裁判条例第六条にも明記されていた。一九九六年の「人類の平和と安全に対する罪の法典」草案注釈書は、殺人はどの国家の国内法においても犯罪とされているので、その禁止については説明するまでもないとしている。

第二に「人道に対する罪としてのせん滅」である。

第七条第一項（b）人道に対する罪としてのせん滅
①実行者が、住民の一部に破壊をもたらすことを計画した生活条件を課すことなどにより一人以上の人を殺した。
②実行行為が、民間住民構成員の多数を殺すことにあたった、またはその一部として起きた。
③実行行為が、民間住民に対する広範な攻撃または系統的な攻撃の一環として行なわれた。
④実行者が、実行行為が民間住民に対する広範な攻撃または系統的な攻撃の一環として行なわれたことを知っていた。

せん滅も第二次大戦以後のどの人道に対する罪にも含まれていた。ニュルンベルク裁判条例第五条や東京裁判条例第六条にも明記されていた。

せん滅とは大規模な殺人であり、多数の被害者の死を要件とする。せん滅は個人の集団に向けられるが、その集団は国民・民族・人種・宗教集団に限られない。政治集団、言語集団、性的指向に基づく集団も含まれる。客観的に共通の要素をもった集団である必要はない。せん滅における集団の殺害は大規模なものだが、一般にジェノサイドほど大規模ではないとされている。

第三に「人道に対する罪としての非人道的行為」である。

第七条第一項（k）人道に対する罪としてのその他の非人道的行為

①実行者が、著しい苦痛を与え、身体もしくは心身の健康に重大な害をもたらした。

②その行為が、国際刑事裁判所規程第七条第一項に掲げられたその他の行為と類似の性質のものであった。

③実行者が、その行為の性質を決定づける事実状況を知っていた。

④実行行為が、民間住民に対する広範な攻撃または系統的な攻撃の一環として行なわれた。

⑤実行者が、実行行為が民間住民に対する広範な攻撃または系統的な攻撃の一環として行なわれたことを知っていた。

非人道的行為も、人道に対する罪の歴史の最初から明示されていた。ニュルンベルク裁判条例第五条や東京裁判条例第六条にも明記されていた。

「国際刑事裁判所規程第七条第一項に掲げられたその他の行為と類似の性質のもの」とあるのは、殺人、せん滅、奴隷、追放または強制移転、投獄または身体の自由の著しい剥奪、拷問、強姦、性奴隷制、強制売春、強制妊娠、強制不妊手術、性暴力、迫害、強制失踪、アパルトヘイトを指しているので、これらと匹敵するような重大な性質のものということである。

以上のように見るならば、関東大震災朝鮮人虐殺が人道に対する罪にあたることは明白である。

ジェノサイドにしても人道に対する罪にしても、一九二三年当時の国際刑法に明文規定がなかったので、関東大震災朝鮮人虐殺に直接適用して責任者を処罰することはできないかもしれない。しかし、関東大震災朝鮮人虐殺がいかなる出来事であったのかを世界史的な視野で正しく理解するためには、ジェノサイドや人道に対する罪という概念に当てはめて考えることが有意義である。

ジェノサイドは終わったか

関東大震災は一九二三年の出来事である。八七年の歳月が流れた。それでは関東大震災ジェノサイドは終わったのであろうか。

関東大震災ジェノサイドの真相解明はなされただろうか。それどころか、日本政府は事実を隠蔽し、真相解明を妨げてきた。被害者への謝罪も補償もしていない。形だけ自警団メンバーの裁判を行なったが、真の責任者を明らかにしていない。裁きも不十分で事実認定は歪曲され、量刑も著しく軽いものであった。それどころか、愛国心ゆえの犯行だったなどと弁解を許している。責任者処罰がなされたとはとても言えない。再発防止の努力もなされていない。民間ではさまざまな努力が積み重ねられてきたが、日本政府はサボタージュあるのみである。

関東大震災ジェノサイドは、何一つ終わっていない。しかも、冒頭に見たように、石原都知事は差別の煽動を公然と行なっている。日本政府は石原発言を擁護している。歴史偽造主義者は、関東大震災朝鮮人虐殺の事実も隠蔽しようとしている。

事実を認めず、隠蔽し、石原都知事発言のように逆転した発言を続けることは、次の不安と危険を呼び覚ます。ドイツにおいてユダヤ人虐殺を否定する「アウシュヴィッツの嘘」発言が新たなユダヤ人差別であり、犯罪とされていることはよく知られている。

終わっていないのは関東大震災だけではない。コリアン・ジェノサイドは終わっていない。朝鮮半島に対する植民地支配、朝鮮人差別、数々の弾圧と虐殺の真相は解明されず、責任も明らかにされていない。

戦前だけではない。例えば、阪神教育闘争事件とは何だったのか。阪神教育闘争事件は、一九四八年に起きた単発の事件として理解することはできない。朝鮮植民地支配の残滓であり、朝鮮人差別、同化政策の繰り返しである。その後の朝鮮人弾圧と差別の予告でもあった。

いまもなお続く朝鮮人差別と歴史の偽造も指摘しておかなければならない。朝鮮半島をめぐる政治的緊張のたびに、チマ・チョゴリ事件に代表される差別と犯罪が繰り返されてきた。社会で時たま起きる事件ではない。日本政府が再発防止の努力を行なわず、それどころか、二〇〇六年の滋賀朝鮮学校強制捜索事件を始めとする朝鮮総連関連施設弾圧事件のように、日本政府こそが率先して朝鮮人差別の犯罪を行なってきた。

世界史のなかで考えよう

関東大震災朝鮮人虐殺をジェノサイドとして理解することは、事件を世界史の中で考えることである。

レムキンがジェノサイド概念をつくったとき、念頭にあったのは一九一五年のアルメニアン・ジェノサイドと、一九三〇年代からのナチス・ドイツによるユダヤ人虐殺であった。レムキンは、なぜ一九二三年の関東大震災に言及していないのだろうか――知らなかったからである。国際社会でコリアン・ジェノサイドはほとんど語られていない。事件当時から日本政府によって隠蔽工作が行なわれたためでもあるが、その後も歴史の闇の中に閉ざされてきた。

今日でも世界各地でジェノサイド、人道に対する罪が繰り返されている。規模や原因はさまざまだが、世界各地で悲劇が続いている。

歴史を振り返れば、スターリンの大粛正、日本軍の三光政策・無人区政策、東京大空襲、ヒロシマ・ナガサキ、朝鮮戦争における国連軍の犯罪、ベトナム戦争・北爆・枯葉剤作戦、カンボジアのポルポト派による大虐殺、旧ユーゴスラヴィアの「民族浄化」、ルワンダのツチ虐殺、東ティモール独立をめぐる内戦による虐殺、スーダンのダルフール・ジェノサイド、アフガニスタンとイラクにおける膨大な民間人虐殺、そしてイスラエルによるパレスチナ・ジェノサイド——コリアン・ジェノサイドは、これらと同じ文脈で語られなければならない。

歴史のはざまで数々の悲劇が起きてきた。この悲劇は自然災害ではない。人為的な犯罪は防ぐことができる。ジェノサイドをいかにして防ぐのか。そのための議論はいまだに十分になされていない。コリアン・ジェノサイドにきっちり決着をつけて、二度と起きないようにすることが課題である。八七年も昔の物語ではなく、今なお私たちが向き合わなければならない未決の課題なのである。

私たちに何ができるか

これまでの調査・研究の積み重ねの上に立って、これから私たちは何をすることができるだろうか。

第一に、山田昭次が突きつける民衆責任の自覚である。「日本人民衆は日本国家の朝鮮人虐殺に加担した。従ってまず自己または自己の関係者が朝鮮人虐殺の直接の下手人だったことを告白した上でなければ、自己ないし自己の関係者を朝鮮人虐殺に向かわせた国家の責任を問うことができない」(山田昭次「今日における関東大震災時朝鮮人虐殺の国家責任と民衆責任」『思想』一〇二九号、二〇一〇年)としている。

第二に、国際社会への訴えである。国連人権理事会をはじめとする国際人権機関に報告することによって、事件を国際社会の舞台で明らかにしていくべきである。ユダヤ人ジェノサイドやアルメニアン・ジェノサイドはよく知られているが、コリアン・ジェノサイドはまったく知られていない。日本軍「慰安婦」問題や南京大虐殺と同じように、世界史的出来事として語る必要がある。そのために国際的なNGOネットワークの協力を得る必要がある。日本政府に対する責任追及（真相解明、事実の承認、謝罪など）を進めるためにも、関係政府（韓国、朝鮮、中国）に適切な対応を求めるためにも、国際社会への訴えが重要となる。

第三に、民衆法廷の可能性である。日本軍性奴隷制（「慰安婦」）問題を裁いた女性国際戦犯法廷、朝鮮戦争における国連軍の戦争犯罪を裁いたコリア戦犯民衆法廷、アフガニスタンにおけるアメリカの戦争犯罪を裁いたアフガニスタン国際戦犯民衆法廷、イラクについて同様のイラク国際戦犯民衆法廷のように、国際的な協力の下に民衆法廷を開いて、真相と責任の所在を明らかにすることである（前田朗『民衆法廷入門』耕文社、二〇〇七年参照）。

第四に、今日も続く差別と迫害の克服である。日本社会を、ジェノサイドや人道に対する罪を繰り返さず、人種差別や排外主義を許さない社会にしていく努力である。

歴史の彼方からの呼びかけ——八〇年以上の長きにわたって聞き取られることのなかった無数の叫びに耳を澄まし、ジェノサイドの過去を深く反省し、未来に向けて新たな歩みを始めることが必要である。東アジアにおける最初のジェノサイドを、私たち自身の手で終わらせよう。

第4章　人種差別との闘い
——国際人権法の歩み

研究が始まった

人種差別禁止法について検討するために、諸外国における立法例やその運用、人種差別撤廃委員会における議論や、最近の国際人権法分野における議論を参考にする必要がある。これまでの研究は不十分とはいえ、差別問題に取り組んできた人権ＮＧＯによる調査・研究の蓄積はすでに存在する（本書第６章参照）。

むしろ問題なのは、憲法学や刑法学における研究がひじょうに手薄なことである。日本政府は、人種差別禁止法によるヘイト・クライムの刑事規制が表現の自由に抵触するとか、罪刑法定原則に抵触するという主張を繰り返してきた。驚くべきことに、憲法学や刑法学も日本政府の主張をしっかりと支えてきた。

しかし、諸外国には多くの人種差別禁止法があり、ヘイト・クライムの処罰が実際になされている。諸外国では表現の自由や罪刑法定原則が保障されていないのだろうか。そのようなことは考えられない。憲法学や刑法学に、こうした問題への関心が希薄なことが本当の問題といえよう。その意味では研究は始まったばかりである。

本章では、国際人権法における「人種差別に対する闘い」（人種差別撤廃条約第七条）について検討する。第一に、国際人権法における人種差別の定義および人種差別との闘いを確認する。第二に、国連が作成・公表している反人種差別モデル国内法を簡単に紹介する。第三に、ダーバンにおける人種差別反対世界会議における議論を一瞥する。以上を通じて、人種差別との闘いが国際社会の常識であることを明らかにする。

なお、人種差別との闘いや、その定義の試みは国際人権法に限られるものではない。社会学や心理学の研究も重要であるし、各国の国内法における定義もさまざまである。本書では、国際人権法分野に重点を置くが、より広い関心での検討が必要なことは言うまでもない（重要文献として、アルベール・メンミ『人種差別』法政大学出版局、一九九六年、ジョージ・フレドリクソン『人種主義の歴史』みすず書房、二〇〇九年)。

国連憲章

国際社会が差別の禁止や法の下の平等などを基本的人権として承認し、その実現のために取り組みを始めたのは、一九四五年の国連憲章からである。国連憲章前文は次のように述べている。

われら連合国の人民は、われらの一生のうちに二度まで言語に絶する悲哀を人類に与えた戦争の惨害から将来の世代を救い、基本的人権と人間の尊厳及び価値と男女及び大小各国の同権とに関する信念をあらためて確認し、正義と条約その他の国際法の源泉から生ずる義務の尊重とを維持することができる条件を確立し、一層大きな自由の中で社会的進歩と生活水準の向上とを促進すること、並びに、このために、寛容を実行し、且つ、善良な隣人として互に平和に生活し、国際の平和及び安全を維持するためにわれらの力を合わせ、共同の利益の場合を除く外は武力を用いないことを原則の受諾と方法の設定によって確保し、すべての人民の経済的及び社会的発達を促進するために国際機構を用いることを決意して、これらの目的を達成するために、われらの努力を結集することに決定した。

さらに国連憲章第一条二項は「人民の同権及び自決の原則の尊重に基礎をおく諸国間の友好関係を発展させること並びに世界平和を強化するために他の適当な措置をとること」、同条三項は「経済的、社会的、文化的又は人道的性質を有する国際問題を解決することについて、並びに人種、性、言語又は宗教による差別なくすべての者のために人権及び基本的自由を尊重するように助長奨励することについて、国際協力を達成すること」として、国連の目的を明記した。

国連憲章第一三条一項は、「経済的、社会的、文化的、教育的及び保健的分野において国際協力を促進すること並びに人種、性、言語又は宗教による差別なくすべての者のために人権及び基本的自由を実現するように援助する」

ため国際協力を国連総会の任務とした。

同様に、国連憲章第五五条は、国連の任務・目的として「人種、性、言語又は宗教による差別のないすべての者のための人権及び基本的自由の普遍的な尊重及び遵守」を明記した。

以上のように、国連は、国際社会の平和と安全という諸国家間関係を規律するとともに、国際社会における個人の自由、権利、平等をも国連の課題として承認した。

世界人権宣言

国連憲章を受けて、一九四八年に国連総会で世界人権宣言が採択された（制定経過や歴史的意義について詳しくは、前田朗「世界人権宣言を読む」『統一評論』五二二・五二三号、二〇〇九年）。

世界人権宣言前文は次のように述べる。

人類社会のすべての構成員の固有の尊厳と平等で譲ることのできない権利とを承認することは、世界における自由、正義及び平和の基礎であるので、人権の無視及び軽侮が、人類の良心を踏みにじった野蛮行為をもたらし、言論及び信仰の自由が受けられ、恐怖及び欠乏のない世界の到来が、一般の人々の最高の願望として宣言されたので、人間が専制と圧迫とに対する最後の手段として反逆に訴えることがないようにするためには、法の支配によって人権保護することが肝要であるので、諸国間の友好関係の発展を促進することが、肝要であるので、国際連合の諸国民は、国際連合憲章において、基本的人権、人間の尊厳及び価値並びに男女の同権についての信念を再確認し、かつ、一層大きな自由のうちで社会的進歩と生活水準の向上とを促進することを決意したので、加盟国は、国際連合と協力して、人権及び基本的自由の普遍的な尊重及び遵守の促進を達成することを誓約したので、これらの権利及び自由に対する共通の理解は、この誓約を完全にするためにもっとも重要であるので、よって、ここに、国際連合総会は、社会の各個人及び各機関が、この世界人権宣言を常に念頭に置きながら、加盟国自身の人民の間にも、また、加盟国の管轄下にある地域の人民の間にも、これらの権利と自由との尊重を指導及び教育によって促進すること並びにそれらの普遍的かつ効果的な承認と尊守とを国内的及び国際的な漸進的措置によって確保することに努力するように、すべての人民とすべての国とが達成すべき共通の基準として、この世界人権宣言を公布する。

世界人権宣言第一条は「すべての人間は、生れながらにして自由であり、かつ、尊厳と権利とについて平等である。人間は、理性と良心とを授けられており、互いに同胞の精神をもって行動しなければならない」とし、第二条は「すべて人は、人種、皮膚の色、性、言語、宗教、政治上その他の意見、国民的若しくは社会的出身、財産、門地その他の地位又はこれに類するいかなる事由による差別をも受けることなく、この宣言に掲げるすべての権利と自由とを享有することができる」とする。個人が有する人権規定としての平等の保障、差別の禁止である。

世界人権宣言は、さらに生命権（第三条）、奴隷の禁止（第四条）、拷問等の禁止（第五条）、人としての権利（第六条）に続いて、第七条で再度、法の下における平等を明記している。

「すべての人は、法の下において平等であり、また、いかなる差別もなしに法の平等な保護を受ける権利を有する。すべての人は、この宣言に違反するいかなる差別に対しても、また、そのような差別をそそのかすいかなる行為に対しても、平等な保護を受ける権利を有する」

こうして国際人権法の基礎が形成された。差別の禁止と、差別煽動の禁止が併記されている。

植民地独立付与宣言

国連憲章と世界人権宣言を受けて、一九六〇年、国連総会で植民地独立付与宣言（植民地諸国、諸国民に対する独立付与に関する宣言）が採択された。

宣言は「植民地主義を急速かつ無条件に終結せしめる必要がある」と認めて、第一項で「外国人による人民の征服、支配及び搾取は、基本的人権を容認し、国際連合憲章に違反し、世界の平和及び協力の促進の障害になっている」、第二項で「すべての人民は、自決の権利を有する。この権利に基づき、すべての人民は、その政治的地位を自由に決定し、並びにその経済的、社会的地位及び文化的発展を自由に追及する」とした。さらに第七項は「すべての国家は、平等、あらゆる国家の国内問題への不干渉、並びにすべての人民の主権的権利及び領土保全の尊重を基礎とする。国際連合憲章、世界人権宣言、及び本宣言の諸条項を誠実かつ厳格に遵守する」としている。

植民地主義と植民地支配が、平和や人権の障害となっていることを認め、自由や平等の実現のために植民地支配を終わらせることの重要性を明記した。

国際人権規約

世界人権宣言の内容を基礎として、これを条約化したのが一九六六年の国際人権規約である。二つの規約から成る。自由権規約（市民的政治的権利に関する国際規約）と社会権規約（経済的社会的文化的権利に関する国際規約）である。

国際人権規約前文は次のように述べる。

この規約の締約国は、国際連合憲章において宣明された原則によれば、人類社会のすべての構成員の固有の尊厳及び平等のかつ奪い得ない権利を認めることが世界における自由、正義及び平和の基礎をなすものであることを考慮し、これらの権利が人間の固有の尊厳に由来することを認め、世界人権宣言によれば、自由な人間は市民的及び政治的自由並びに恐怖及び欠乏からの自由を享受するものであるとの理想は、すべての者がその経済的、社会的及び文化的権利とともに市民的及び政治的権利を享有することのできる条件が作り出される場合に初めて達成されることになることを認め、人権及び自由の普遍的な尊重及び遵守を助長すべき義務を国際連合憲章に基づき諸国が負っていることを考慮し、個人が、他人に対し及びその属する社会に対して義務を負うこと並びにこの規約において認められる権利の増進及び擁護のために努力する責任を有することを認識して、次のとおり協定する。

自由権規約第一条一項は「すべての人民は、自決の権利を有する。この権利に基づき、すべての人民は、その政治的地位を自由に決定し並びにその経済的、社会的及び文化的発展を自由に追求する」とし、第二条一項は「この規約の各締約国は、その領域内にあり、かつ、その管轄の下にあるすべての個人に対し、人種、皮膚の色、性、言語、宗教、政治的意見その他の意見、国民的若しくは社会的出身、財産、出生又は他の地位等によるいかなる差別もなしにこの規約において認められる権利を尊重し及び確保することを約束する」とする。

自由権規約は、さまざまな条文で平等の保障と差別の禁止を繰り返している。

以上のように、国連憲章、世界人権宣言、植民地独立付与宣言、国際自由権規約によって、新しい国際人権法の体系がつくりあげられ、差別の禁止が国際法の基本原則に高められた。これらに加えて、人種差別撤廃条約が採択された。

人種差別撤廃条約

国連憲章や世界人権宣言にもかかわらず、一九六〇年前後、ネオ・ナチが西欧世界に復活した。ゲルマン民族の優越性を主張して、反ユダヤ主義思想を煽動するネオ・ナチズムが、ドイツだけではなく、ヨーロッパ各地に続発した。他方、南アフリカ共和国では、アパルトヘイト政策による人種差別が行なわれていた。

こうした事態を憂慮して、一九六〇年の国連総会は、ナチズム非難のため「人種的、民族的憎悪の諸表現」決議、および植民地独立付与宣言を採択した。しかし、これらの差別は依然として続き、差別を撤廃するためには、法的拘束力のない決議のみでは十分でなく、各国に対して差別を撤廃するための具体的な措置の履行を義務づける文書の採択が必要と考えられた。

一九六三年には「あらゆる形態の人種差別の撤廃に関する国連宣言」を採択し、その後、二つの国際人権規約作成作業と並行して、「あらゆる形態の人種差別の撤廃に関する国際条約」草案起草のための審議が優先的に行なわれ、一九六五年、国連総会において、この条約が全会一致で採択された。

人種差別撤廃条約前文は次のように述べる。長いが全文を引用する。

国際連合憲章がすべての人間に固有の尊厳及び平等の原則に基礎を置いていること並びにすべての加盟国が、人種、性、言語又は宗教による差別のないすべての者のための人権及び基本的自由の普遍的な尊重及び遵守を助長し及び奨励するという国際連合の目的の一を達成するために、国際連合と協力して共同及び個別の行動をとることを誓約したことを考慮し、世界人権宣言が、すべての人間は生まれながらにして自由であり、かつ、尊厳及び権利について平等であること並びにすべての人がいかなる差別をも、特に人種、皮膚の色又は国民的出身による差別を受けることなく同宣言に掲げるすべての権利及び自由を享有することができることを宣明していることを考慮し、すべての人間が法律の前に平等であり、いかなる差別に対しても、また、いかなる差別の扇動に対しても法律による平等の保護を受ける権利を有することを考慮し、国際連合が植民地主義並びにこれに伴う隔離及び差別のあらゆる慣行を非難してきたこと並びに一九六〇年の植民地独立付与宣言がこれらを速やかにかつ無条件に終了させる必要性を確認し及び厳粛に宣明したことを考慮し、一九六三年の人種差別撤廃国連宣言が、あらゆる形態及び表現による人種差別を全世界から速やかに撤廃し並びに人間の尊厳に対する理解及び尊重を確保する必要性を厳粛に確認していることを考慮し、人種的相違に基づく優越性のいかなる理論も科学的に誤りであり、道徳的に非難されるべきであり及び社会的に不正かつ危険であること並びに理論上又は実際上、いかなる場所においても、人種差別を正当化することはできないことを確信し、人種、皮膚の色又は種族的出身を理由とする人間の差別が諸国間の友好的かつ平和的な関係に対する障害となること並びに諸国民の間の平和及び安全並びに同一の国家内に共存している人々の調和をも害するおそれがあることを再確認し、人種に基づく障壁の存在がいかなる人間社会の理想にも反することを確信し、世界のいくつかの地域において人種差別が依然として存在していること及び人種的優越又は憎悪に基づく政府の政策（アパルトヘイト、隔離又は分離の政策等）がとられていることを危険な事態として受けとめ、あらゆる形態及び表現による人種差別を速やかに撤廃するために必要なすべての措置をとること並びに人種間の理解を促進し、いかなる形態の人種隔離及び人種差別もない国際社会を建設するため、人種主義に基づく理論及び慣行を防止し並びにこれらと戦うことを決意し、一九五八年に国際労働機関が採択した雇用及び職業についての差別に関する条約及び一九六〇年に国際連合教育科学文化機関が採択した教育における差別の防止に関する条約に留意し、あらゆる形態の人種差別の撤廃に関する国際連合宣言に具現された原則を実現すること及びこのための実際的な措置を最も早い時期にとることを確保することを希望して、次のとおり協定した。

ここでは、条約採択に至る歴史的経過の説明の中で、何が問題か、定義をどうするか、いかなる措置が必要かについての議論が紹介されている。

人種差別の定義

人種差別撤廃条約第一条一項は、人種差別を次のように定義している。

「この条約において、『人種差別』とは、人種、皮膚の色、世系又は民族的若しくは種族的出身に基づくあらゆる区別、排除、制限又は優先であって、政治的、経済的、社会的、文化的その他のあらゆる公的生活の分野における平等の立場での人権及び基本的自由を認識し、享有し又は行使することを妨げ又は害する目的又は効果を有するものをいう」

第一に、「人種差別」には、人種だけではなく、「皮膚の色、世系又は民族的若しくは種族的出身」が列挙されている。民族差別も人種差別の一種である。朝鮮人差別は民族差別であり、それゆえ人種差別である。また、「世系」にはインドにおけるカースト制のような身分差別が含まれるので、日本の部落差別も人種差別の一種ということになる。

第二に、「区別、排除、制限又は優先」のすべてが差別とされている。「区別と差別は異なる」と称して差別を正当化しようとする議論がよく行なわれるが、条約はそうした議論を否定している。

第三に、人権と自由の認識、享有、行使を妨げ、又は害するものを指している。認識とあるのは、差別された結果として、自分に自由や権利があることを認識できない場合が多いからである。

条約第二条一項は「締約国は、人種差別を非難し、また、あらゆる形態の人種差別を撤廃する政策及びあらゆる人種間の理解を促進する政策をすべての適当な方法により遅滞なくとることを約束する」として、当局が人種差別をしないよう確保すること、人種差別を後援・擁護・支持しないこと、人種差別法を改正すること、人種差別を禁止すること、および積極的是正措置を掲げている。

条約第三条は、人種隔離とアパルトヘイトの根絶を約束するとしている。

先にも述べたように、人種差別の定義はさまざまでありうる。本章では、人種差別の克服に向けて協力を続けてきた国際社会における取組みを反映した国際人権法における定義を基本に据える。

ヘイト・クライムを非難

条約第四条は、人種差別禁止のための具体的措置として、「締約国は、一の人種の優越性若しくは一の皮膚の色若しくは種族的出身の人の集団の優越性の思想若しくは理論に基づくあらゆる宣伝及び団体又は人種的憎悪及び人種差別（形態のいかんを問わない。）を正当化し若しくは助長することを企てるあらゆる宣伝及び団体を非難し、また、このような差別のあらゆる扇動又は行為を根絶することを目的とする迅速かつ積極的な措置をとることを約束する。このため、締約国は、世界人権宣言に具現された原則及び次条に明示的に定める権利に十分な考慮を払って、特に次のことを行なう」とし、次の三項目を列挙している。

（a）人種的優越又は憎悪に基づく思想のあらゆる流布、人種差別の扇動、いかなる人種若しくは皮膚の色若しくは種族的出身を異にする人の集団に対するものであるかを問わずすべての暴力行為又はその行為の扇動及び人種主義に基づく活動に対する資金援助を含むいかなる援助の提供も、法律で処罰すべき犯罪であることを宣言すること。

（b）人種差別を助長し及び扇動する団体及び組織的宣伝活動その他のすべての宣伝活動を違法であるとして禁止するものとし、このような団体又は活動への参加が法律で処罰すべき犯罪であることを認めること。

（c）国又は地方の公の当局又は機関が人種差別を助長し又は扇動することを認めないこと。

第四条（a）は人種差別煽動の犯罪化、（b）は人種差別団体の規制、（c）は公の当局の人種差別の禁止である。このうち（a）（b）の二項について、日本政府は適用を留保している。

条約第五条は、数々の人権を列挙して、その適用上差別のないようにすることを明示している。第六条は、司法機関による救済を定める。

人種差別との闘い

人種差別撤廃条約には「人種差別に対する闘い」という表現が用いられている。国際人権規約、女性差別撤廃条約、子どもの権利条約、拷問等禁止条約など他の人権条約には見られない独特の条項である。条約第七条は次のように述べる。

締約国は、人種差別につながる偏見と闘い、諸国民の間及び人種又は種族の集団の間の理解、寛容及び友好を促進し並びに国際連合憲章、世界人権宣言、あらゆる形態の人種差別の撤廃に関する国際連合宣言及びこの条約の目的及び原則を普及させるため、特に教授、教育、文化及び情報の分野において、迅速かつ効果的な措置をとることを約束する。

国際人権法メカニズムの中心を成す人権条約は、自由権規約、社会権規約、人種差別撤廃条約、女性差別撤廃条約、拷問等禁止条約、子どもの権利条約である。最近の障害者権利条約がこれに加わった。これら国際人権基本条約の中で、「差別との闘い」とまで言明しているのは特徴的である。

条約第八条は人種差別撤廃委員会の設置を定め、第九条は締約国の報告義務を定める。締約国が定期的に提出する報告書を、人種差別撤廃委員会が検討・審議し、一般的な性格を有する勧告を行なう。締約国と人種差別撤廃委員会の間の情報交換と建設的対話を通じて、人種差別の撤廃に取り組むシステムである。他の人権条約と同様のシステムであり、人権伸張のための国際協調の柱となってきた。委員会と日本政府の間の建設的対話の内容については、後述する（第6章）。

モデル国内法

国連は反人種差別モデル国内法を公表している（村上正直監修『市民が使う人種差別撤廃条約』解放出版社、二〇〇〇年）。

モデル国内法は全三部四四項目から成る。第一部の「定義」では、当然のことながら、人種差別撤廃条約における人種差別の定義が採用されている。第二部「一般原則と措置」は次の四節から成る。

①一般原則　ここでは「人種差別は法律上犯罪である」「すべての人間は、人種差別に対抗し平等の保護を受ける法律上の権利を有する」「国家は人種差別に反対する政策とプログラムを促進する措置をとる」としている。

②制裁と補償　人種差別犯罪を訴追することを定め、被害者には賠償その他の満足を受ける権利があるとする。制裁としては、刑事施設収容、罰金、公職停止、社会奉仕命令があげられている。

③申立て手続　個人や集団は人種差別の苦情を司法機関その他の救済手続に申立てることができる。国際的機関への申立もできる。

④反人種差別国内当局　独立した国内委員会を設置し、人種差別に関するあらゆる事柄を検討し決定する。法律の実施、審査、勧告的意見、法律実施の行動綱領、情報と教育、年次報告、苦情申立受理、調査、仲介、訴訟提起を行なう。

第三部は「犯罪と制裁」であり、ヘイト・クライムに関する事項である。人種差別撤廃条約第四条の具体化である。

①言論・表現による人種差別犯罪

②暴力行為と人種暴力の煽動

③人種主義団体と活動
④公務員が犯す人種差別犯罪
⑤場面別人種差別行為（雇用、教育、住居、商品・施設・サービスなどの場面別の規定）
⑥その他の人種差別犯罪
⑦被害者の保護と司法の妨害

このように国連のモデル国内法は、ヘイト・クライム禁止を中心にしているが、訴追や処罰にとどまらず、被害者保護をはじめとする諸分野に及んでいる。

ダーバン世界会議

二〇〇一年八月三一日から九月八日にかけてダーバン（南アフリカ共和国）で人種差別反対世界会議が開かれた。正式名称は、「人種主義、人種差別、外国人排斥および関連のある不寛容に反対する世界会議」である。以下では「人種主義や人種差別」といった省略表記を用いる。

会議の成果文書である「ダーバン宣言」前文は、ダーバン会議に至る経過を簡潔にまとめている。出発点は、一九九三年六月の世界人権会議で採択された「ウィーン宣言と行動計画」が、あらゆる形態の人種主義、人種差別、外国人排斥および関連のある不寛容の速やかで包括的な廃止を掲げたことである。

一九九七年四月、国連人権委員会が、人種差別反対世界会議の開催を呼びかけた。それ以前に三度の「人種主義および人種差別と闘う一〇年」が設定されたが、主要目標が達成されていない。国連総会は二〇〇一年を「国連・文明間の対話の年」と宣言した。

そもそも国連憲章、世界人権宣言、一九六〇年の植民地独立付与宣言などが、人種主義や人種差別を克服しようとしていた。さらに人種差別撤廃条約が続いた。その歩みを飛躍的に進めるために、国際社会の協力が始まった。ストラスブール、サンティアゴ、ダカール、テヘランで開催された地域会議の報告書、各国から提出された報告書に加えて、専門家セミナー、NGO地域会合、その他の世界会議準備会議で報告書が準備された。アパルトヘイトを終わらせた南アフリカ最初の大統領であったネルソン・マンデラの後援と、国連人権高等弁務官兼世界会議事務局長のイニシアティヴで、ターボ・ムベキ南アフリカ大統領と七四ヵ国の国家元首・政府首脳らによる「ビジョン声明」が続いた。

ダーバン宣言前文は次のように述べる。

関連する人権文書において義務として規定されているように、人種差別、ジェノサイド、アパルトヘイト犯罪、奴隷制の禁止からの逸脱は許されないことを認め、世界の人民に耳を傾け、正義、すべて者の機会平等への世界の人民の示唆や、発展の権利、平和で自由に生きる権利、経済・社会・文化・市民・政治生活における差別のない平等の参加を含む、すべての者の人権の享受への世界の人民の示唆を認め、……人種主義、人種差別、外国人排斥および関連のある不寛容は、それが人種主義および人種差別に等しい場合、すべての人権の重大な侵害であり、その完全な享受の障害となり、すべての人間は尊厳と権利において自由かつ平等に生まれているという自明の真実を否定し、諸人民や諸国の間の友好で平和な関係の障害となり、武力紛争を含む多くの国内紛争や国際紛争の根因となり、住民の強制移送に帰結することを確認し、普遍的・不可分・相互依存・相互関係的であるすべての人権、経済・社会・文化・政治的権利の完全な享受を保証するために、すべての諸国の男性・女性・子どもの生活条件を改善するために、人種主義、人種差別、外国人排斥および関連のある不寛容と闘う国内活動と国際活動が求められていることを認める。

宣言前文は人種差別との闘いの意義を次のように述べている。

国際社会、政府、地方自治体が行なった努力にもかかわらず、人種主義・人種差別という災難が継続している。人権侵害、苦痛、不遇、暴力をもたらしており、適用できるすべての適切な措置によって、最優先事項として、できれば影響を受ける共同体と協力して、これと闘わなければならない。人種主義・人種差別の継続的暴力的な発生、および、植民地時代に促進され実行された、ある人種や文化が他の人種や文化より優越しているという見解が、今日でも唱えられていることに懸念をもって留意する。人種主義・人種差別が、より陰険な、現代的形態と現象で出現したり継続発生している。

人種差別、民族差別並びに優越性に基く理論や慣行に警鐘を鳴らし、いわゆる人種間の差異の存在を決定しようとする学説や、いかなる人種的優越理論をも強く拒絶する。人種主義・人種差別との闘いと非難が、すべての人（特にすべてのレベルの公の当局や政治家）によって行なわれなければ、その永久化を促進する要因となる。各国には、すべての被害者の人権と基本的自由を保護・促進する義務がある。各国は、女性が多元的な差別に直面することを認めて、ジェンダー観点を採用するべきであり、女性が市民・政治・経済・社会・文化の権利を享受することが世界中の社会の発展に必要である。

世界のグローバル化の進行が、人種主義・人種差別の廃止の闘いに関して、もたらしている挑戦とチャンスの双方を認める。グローバリゼーションとテクノロジーが人々を一つにまとめている時代に、平等・尊厳・連帯を基礎とした人間家族の観念を実現し、二一世紀を人権の世紀とし、人種主義・人種差別を廃止し、すべての個人と人民にとって機会と取扱いの真の平等の実現の世紀とすることを決意する。人民の平等権と自己決定の原則を再確認し、すべての個人が尊厳と権利において平等に生まれていることを想起し、その平等が最優先事項として保護されなければならないと強調する。

すべての形態の人種主義・人種差別を廃止する観点で、迅速で、断固とした、適切な措置をとることが各国の義務である。人種主義・人種差別という災難と完全に効果的に優先事項として闘い、世界のすべての部分における人種主義の現象と過去の経験に、再発を回避する観点で学び、普遍的平等、正義、尊厳への新しい政治意思と公約にともに参加して、世界中すべての人種主義・人種差別のすべての被害者の記憶に敬意を表すとしたうえで、厳粛に「ダーバン宣言と行動計画」を採択した。

二〇〇一年九月八日、国際社会はダーバン宣言をまとめあげ、二一世紀における人種差別との闘いを高らかに宣言した。

ところが、僅か三日後の「九・一一」の衝撃によって、アメリカを中心とする「テロとの戦争」が開始され、世界は人種主義と人種差別に覆われることになった。二〇〇一年は「文明間の対立の年」にされてしまった。

ダーバン宣言

「九・一一」とそれに続く戦争のために、ダーバン宣言の意義は十分に省みられることがなかった。しかし、ダーバン宣言は、二一世紀における国際社会による人種差別との闘いの基本文書である。

ダーバン宣言の基本的内容を一瞥しておこう（以下、ダーバン二〇〇一編『反人種主義・差別撤廃世界会議と日本』『部落解放』五〇二号、二〇〇二年参照。なお、宣言の日本語訳は、ヒューライツ大阪のウェブサイト）。

まず、宣言は被害者の定義から始めている。

「1．本宣言と行動計画の目的にとって、人種主義、人種差別、外国人排斥および関連のある不寛容の被害者とは、これらの災悪の影響を受け、被り、目標とされている、または目標とされてきた個人または個人の集団であると宣言する」

宣言は、人種差別の被害者として、アフリカ人民とアフリカ系人民、アフリカ系ディアスポラ、アジア人とアジア系人民、先住民族、移住者、難民や難民申請者、国内避難民などを例示し、さらにさまざまな複合差別にも言及している。これが、大枠としては、国際社会において共通認識を得られている被害者である（これに限らないが）。

「すべての人民と個人は、多様性に富んだ、一つの人間家族である」とする宣言は、自由と権利について次のように述べる。

「7．人間はすべて、自由に、かつ、尊厳と権利において平等に生まれ、その社会の発展と福利に建設的に貢献する能力を有する。いかなる人種的優越の理論も科学的に誤りであり、道義的に非難されるべきであり、社会的に不正義であり、危険であり、人種間の差異の存在を決定しようとする試みとともに、拒絶されねばならない」

宣言は、世界各地における「人種主義、人種差別、外国人排斥および関連のある不寛容の源泉、原因、形態、現代的現象」を枚挙している。

「13．大西洋越え奴隷取引などの奴隷制度と奴隷取引は、その耐え難い野蛮のゆえにだけではなく、その大きさ、組織された性質、とりわけ被害者の本質の否定ゆえに、人類史のすさまじい悲劇であった。奴隷制と奴隷取引は人道に対する罪であり、とりわけ大西洋越え奴隷取引はつねに人道に対する罪であったし、人種主義、人種差別、外国人排斥および関連のある不寛容の主要な源泉である。アフリカ人とアフリカ系人民、アジア人とアジア系人民、および先住民族は、これらの行為の被害者であったし、いまなおその帰結の被害者でありつづけている」

国連の歴史上初めて、植民地時代の奴隷制を人道に対する罪と認めた。これにはアジアも含まれる。

「14．植民地主義が人種主義、人種差別、外国人排斥および関連のある不寛容をもたらし、アフリカ人とアフリカ系人民、アジア人とアジア系人民、および先住民族は植民地主義の被害者であったし、いまなおその帰結の被害者であり続けていることを認める。植民地主義によって苦痛がもたらされ、植民地主義が起きたところはどこであれ、いつであれ、非難され、その再発は防止されねばならないことを確認する。この制度と慣行の影響と存続が、今日の世界各地における社会的経済的不平等を続けさせる要因であることは遺憾である」

「15．国際法の用語におけるアパルトヘイトとジェノサイドは人道に対する罪であり、人種主義、人種差別、外国人排斥および関連のある不寛容の主要な源泉と現象であることを認め、これらの行為によって語られざる悪事と苦痛が引き起こされ、それが起きたところはどこであれ、いつであれ、非難され、その再発は予防されねばならないことを確認する」

アパルトヘイト、ジェノサイド、人道に対する罪、奴隷制、人種主義、人種差別といった用語が同じ位相で語られていることが重要である。

差別予防措置

そのうえで、宣言は、「国家、地域、国際レベルで人種主義、人種差別、外国人排斥および関連のある不寛容の根絶を目指した予防・教育・保護の措置」を検討する。

「76．不公平な政治・経済・文化・社会条件は、人種主義、人種差別、外国人排斥および関連のある不寛容を育て、それが不平等をますます悪化させることを認める。発展の領域を含むすべての領域ですべての者の真の機会の平等が、人種主義、人種差別、外国人排斥および関連のある不寛容の廃止にとって基本であると信じる」

「78．すべての諸国が、人種主義、人種差別、外国人排斥および関連のある不寛容の予防と廃止における基本要素としてのすべての人権、発展の権利を含む経済・社会・文化・市民・政治的権利の普遍的尊重、遵守、保護を促進するよう厳粛な公約をすることを再確認する」

「79．人種差別を克服し人種平等を達成するのを妨げるのは、主に、政治意思の欠如、立法の弱体、国家による実施戦略と具体的行為の欠如、並びに人種主義的態度と否定的なステレオタイプの流行であると堅く信じる」

「80．法律制定や政治・社会・経済政策を含む国際人権規範と義務の教育、発展、誠実な実施が、人種主義、人種差別、外国人排斥および関連のある不寛容と闘うのに決定的であることを堅く信じる」

これらが政府による人種差別克服の努力、そのための人種差別禁止法の制定を求めていることは言うまでもない。人種主義と人種差別の克服は、単なるスローガンで実現できるものではない。人間生活のあらゆる面に忍び寄る差別を探査し、一つひとつていねいに対処していく必要がある。

救済と補償

さらに、宣言は「国家、地域、国際レベルの効果的な救済、回復、是正、補償その他の措置」を掲げる。

「98．過去の悲劇を包括的かつ客観的に認識できるようにするために、古代から最近の過去までの人類史の事実と真実を教えること、ならびに人種主義、人種差別、外国人排斥および関連のある不寛容の歴史、原因、性質と結果の事実と真実を教えることの重要性と必要性を強調する」

「99．奴隷制、奴隷取引、大西洋越え奴隷取引、アパルトヘイト、植民地主義およびジェノサイドがもたらした大規模な人間の苦痛と無数の男性、女性および子どもたちの苦境を認め、深く残念に思い、過去の悲劇の犠牲者の記憶に敬意を捧げ、それらがいつどこで起きたものであれ、それらが非難されねばならず、再発が予防されねばならないことを確認するよう関連する各国に呼びかける。これらの慣行や組織が、政治的、社会経済的、文化的に、人種主義、人種差別、外国人排斥および関連のある不寛容をもたらしてきたことを残念に思う」

「100・奴隷制、奴隷取引、大西洋越え奴隷取引、アパルトヘイト、ジェノサイドおよび過去の悲劇の結果として無数の男性、女性および子どもたちに加えられた語られざる苦痛と害悪を認め、深く残念に思う。さらに、犯された重大かつ大規模侵害について進んで謝罪をしてきた国家や、適切な場合には、補償を支払った国家があることに留意する」

「101・歴史の暗い章を閉じて、和解と癒しの手段として、国際社会とその構成員がこれらの悲劇の犠牲者の記憶に敬意を捧げるよう勧める。さらに、進んで、残念に思う、遺憾の意を表明する、または謝罪を表明するとしてきた国家があることに留意し、被害者の尊厳を回復しようとしていないすべての諸国に、そのための適切な方法を見出すよう呼びかけ、それを行なった諸国に感謝する」

「106・いつどこで起きたものであれ、過去の犯罪や悪事を想起し、人種主義的悲劇を明白に非難し、歴史の真実を語ることが、国際的な和解、ならびに、正義、平等および連帯に基づく社会の創造にとって必須の要素であることを強調する」


日本の戦争責任と戦後補償問題も、歴史、記憶、和解に関わる同じ問題である。ダーバン宣言の地平を無視して、一方的に和解を押し付けるのは論外であり、解決できる問題すら解決できなくしてしまう。

ダーバン二〇〇一・日本

ダーバン会議には日本からも数多くのNGOが参加した。日本グループは「ダーバン二〇〇一・日本」という名のもとに、ダーバンNGOフォーラムに際しては、会場にブースを確保して、日本における人種差別について展示を行ない、参加者の連絡場所とした（以下について詳しくは、上村英明「ダーバンへの長い道のり、そして、差別撤廃の未来への視座」『部落解放』五〇二号、二〇〇二年参照）。

ＮＧＯフォーラムにおいては、数々の分科会や企画に参加し、日本ＮＧＯ主催の記者会見を行なうなど精力的に活動した。ＮＧＯフォーラムでは、全体を統括するホスト団体として南アフリカのＳＡＮＧＯＣＯが各種の活動をバックアップしていたが、日本グループも随時、情報提供を続けた。

続く政府間会議にも代表者が入場パスを確保し、会場でロビー活動を展開した。

ダーバン会議に派遣された日本政府代表団は少人数であったが、ＮＧＯに対しても随時情報を提供するなど、かなり柔軟な姿勢を示していたように思う。

「ダーバン二〇〇一・日本」の主な活動は、ブースの運営、ワークショップの実施、ＮＧＯ間の情報交換と調整、記者会見、日本政府との意見交換、日本政府声明に対するＮＧＯ声明の作成などであった。そのほか、個々のＮＧＯそれぞれが主催したフォーラム、記者会見、日本への報告・情報発信なども随時協力しながら進められた。

数々の成果と教訓があったが、ここでは二点だけ反省点を指摘しておこう。

第一に、ダーバンでのＮＧＯ活動が「行儀のよい」活動に自粛しがちであったことである。国連会議であること、メアリー・ロビンソン人権高等弁務官や南アフリカのムベキ大統領をはじめ、国連や政府側も非常に熱意をこめていたのでＮＧＯ側に国連や政府に期待する面があったこと、それ以前の世界会議と比較してもＮＧＯが正式の政府間会議会場に入場できるなど配慮が示されたことなどから、ＮＧＯは行儀のよい活動を選択していたように思われる。もっとも、イスラエル／パレスチナ問題をめぐって決裂し、アメリカ政府とイスラエル政府が会議を放棄して帰国した頃から、ＮＧＯ側も厳しい要求を政府にぶつけるようになっていった。

第二に、アフリカ諸国とアフリカのＮＧＯの活動が猛烈に展開されたため、東アジアＮＧＯの活動は埋没してしまった。日本NGOは、僅かではあれ参加した韓国やフィリピンのNGOとも協力しながら取り組んだものの、二万人とも言われた参加者の過半数がアフリカ諸国からの参加者であったから、東アジアの人種差別問題を正面から取り上げることは難しかった。ダーバン宣言には「アジア人やアジア系の人々への人種差別」の項目もあるが、やはり脇に追いやられてしまった印象がある。

「ダーバン二〇〇一・日本」は、帰国後に、ダーバン宣言・行動計画の翻訳を進め、報告集を出版し、日本での活用に取り組んだ（『部落解放』五〇二号前掲）。もっとも、先に述べたように、「九・一一」のために、ダーバン宣言・行動計画が宙に浮いてしまったことは否めない。

なぜ国際人権法か

以上、国際人権法分野における人種差別との闘いについて見てきたが、中には「なぜ国際人権法なのか」との疑念を提起する向きもあるので、この点に言及しておこう。

第一に、国際人権法と言っても、実際には守られていないではないか、なぜ日本だけ国際人権法をそれほど尊重しなければならないのか、という指摘がある。かつて外務省は、「日本は国際人権条約をよく守ることで知られる。他の国は批准だけしておいて、条約をぜんぜん守らずにいる」と豪語していた。当時から眉唾物であったが、今や、日本は国際人権条約を守らない代表選手となりつつある。人権条約がもともとよく守られず、違反している国家が数々あったにしても、国際社会においては、条約遵守と履行の監視制度が徐々に整備されてきた。国際機関だけでなく、各国の国内人権委員会も急速に増えてきた。人権条約を守るためにどれだけ努力しているかが重要である。「経済先進国、人権後進国」と揶揄された日本は、いまや「経済先進国」からも転落しつつある。

第二に、逆に、「国際人権法の理念はわかるが、水準が高すぎるのではないか、日本の現実に即した議論が必要だ」という指摘もある。しかし、国際人権法の人権水準は特別に高いものではない。もともと、世界人権宣言前文は、「人類社会のすべての構成員の固有の尊厳と平等で譲ることのできない権利とを承認することは、世界における自由、正義及び平和の基礎である」との理解のもとに、「すべての人民とすべての国とが達成すべき共通の基準」として成立している。多くの諸国にとって実現困難な高い水準の人権を規定しているわけではない。

第三に、同じことをより洗練された表現で言っているとも理解できるが、西欧中心主義への批判がある。文化相対主義からの批判である。かつて代用監獄をはじめとする日本の刑事施設における人権侵害が国際人権分野で大きく取り上げられた際に、法務・検察官僚は、国際人権法を西欧中心主義的であるとし、日本には日本のやり方があると開き直ったことがある。同様のことは、中国でも見られる。西欧諸国からの人権問題の指摘に対して、中国の特殊性が持ち出される。しかし、国際人権法は西欧諸国だけがつくり上げてきたものではない。国連憲章や世界人権宣言から六〇年をこえる歴史を振り返れば、西欧諸国中心どころか、アジア・アフリカ諸国が議論をリードした分野もある。人権を切実に必要としている人々がいるからだ。また、日本政府が持ち出す文化相対主義と、中国政府が持ち出す文化相対主義を比較すればただちに明らかになるように、両者は全く別物であって、互いに対立している。中国の人権問題となるや、日本側は文化相対主義を批判することさえあるのだ。文化相対主義はもともと逃げ口上に過ぎない。

第四に、拘束力の問題がある。国際人権条約の拘束力は、単純な問題ではない。締約国の報告書提出義務についての拘束力と、条約委員会による勧告の拘束力とは水準が異なる。その点を捉えて、「国際人権条約には拘束力がない」といった発言がなされることがある。日本政府も、条約委員会の勧告の拘束力を否定する発言をしたことがある。しかし、宣言にとどまる世界人権宣言についても、今日では国際慣習法として確立していて、拘束力があると見なされている。まして、国際人権規約以後の諸条約について、単純に拘束力を否定するのは誤りである。直接的に適用されるか否か、自力執行力があるか否かといった問題はあるが、少なくとも条約委員会と締約国政府との建設的対話を通じて人権状況を改善する義務が締約国政府にあることは共通認識となっている。

最後に、問題はいかなる観点から議論をするかである。重要なのは具体的な内容である。世界各地に現実に人権を否定され、侵害され、人間の尊厳を奪われている人々が多数いる。この人々にとって、国際人権法は単なる文書でもお飾りでもなく、救済を求めるべき規範であり、具体的措置でなければならない。世界人権宣言以来構築されてきた国際人権法体系をいかに実行力あるものとし、いかに履行していくのかが重要である。現に被害があるときに救済と補償を求めるのが当然であり、そのための制度、機構、手続を用意するのが、政府の責務である。国内手続による救済ができなければ、国際人権メカニズムが発動するべく待っている。

国際人権法は万能ではないし、とりわけ素晴らしいものでもない。しかし、現実世界には国際人権法以外に、人々の自由と人権と尊厳を守る手段は非常に限られている。国際人権法は日本の人権状況を改善するための沃野であり宝庫である。

第5章　ヘイト・クライムの刑事規制

——社会を壊さないために

ヘイト・クライムとは

本章では、ヘイト・クライム法について考える。人種差別禁止法とヘイト・クライム法の関係を再確認しておこう。人種差別禁止法は、人種差別を規制する総合的法律であり、民事救済、行政救済なども含まれる。ヘイト・クライム法はその一部であり、犯罪を規制する刑事法である。人種差別撤廃条約第四条は、人種的優越性に基づく差別・煽動の禁止を定め、同条（a）は人種差別の煽動を犯罪であるとし、同条（b）は人種差別煽動団体・活動を違法であるとしている。これがヘイト・クライム法の基本を成す。

以下、第一に、英米法におけるヘイト・クライムに関する議論を紹介する。人種差別の刑事規制については、北欧諸国、西欧諸国にさまざまな法制度が見られるが、必ずしも十分な研究が行なわれていない。ドイツには、ナチス・ドイツの歴史に由来する民衆煽動罪がある（楠本孝『刑法解釈の方法と実践』現代人文社、二〇〇三年）。その他の諸国についても、たとえば人種差別撤廃委員会への報告書とその審査を通じてある程度の情報を得ることができるが、系統的に明らかにするだけの準備がない。このため本章では英米法のヘイト・クライムの一端を紹介するにとどまる。

第二に、人種差別撤廃委員会が二〇〇五年に出した人種差別の予防と刑事司法に関する「一般的勧告三一」を紹介する。今後、ヘイト・クライムに関連する法律を議論するための重要な指針だからである。

ホールの研究

犯罪学者のネイサン・ホール（イギリス、ポーツマス大学講師）は、ヘイト・クライムの複合的な性格を解明して、効果的対策を提言しようと試みている（Nathan Hall, Hate Crime, Willan Publishing,2005）。以下、ホールの研究を紹介する。

ホールはまず「ヘイト・クライムとは何か」について、それが複合的性格を有するため、研究者や実務家にもコンセンサスがないと言う。そこで、社会的構築としてのヘイト・クライムに関して従来なされてきた様々な定義の試みを検討する。例えば、アメリカの刑法学者バーバラ・ペリーは、ヘイト・クライムは他の犯罪とは異なって、直接当事者だけではなく、異なるコミュニティ間の関係にもかかわり、被害は身体的被害や経済的被害にまで及ぶとしている。コミュニティに恐怖、敵意、疑惑を生み出すと特徴づけている。ホールは、これを異なる者の集団全体に対する象徴的な犯罪と捉えるが、だからこそ定義が困難であると見る。憎悪や偏見を社会学的に分析すれば判明することだが、その表現形態は実に様々である。偏見の意味を解明するとともに、偏見がどのように、そしてどの程度、犯罪と結びつくのかを明らかにしなければならない。ヘイト・クライムに対処するためには正確で有効な定義が必要である。

そこでホールは「偏見と憎悪」の関係を問い直す。まず偏見と差別について、偏見は心理学的概念であり、差別行為との関係が問題となる。両者は互換的に用いられることが多いが、区別されるべきである。偏見は社会集団構成員に対する態度であり、差別は社会集団構成員に対して向けられた行為である。次にホールは、ステレオタイプな決め付けや権威主義や日常的な偏見について論じて、①意図的でない偏見、②カタルシスの偏見、③善意による偏見、④ありきたりの偏見を検討し、これらが憎悪と結びつく場面に向かう。

さらにホールはヘイト・クライムの歴史を探り、この言葉が使われるよりずっと以前から、アメリカにおいてはネイティヴ・アメリカン、アフリカ系アメリカン、アジア人移住者に対して、リンチ、奴隷化、ジェノサイド、偏見による行為が実に長いこと続いたことを確認する。歴史は古いが、ヘイト・クライムは現代の社会問題として理解されている。しかし、ヘイト・クライムが新しいのではなく、社会的関心事項になったのが新しいのである。

ヘイト・クライム統計法

ホールは、アメリカとイギリスにおけるヘイト・クライムの頻度や性格を取り上げる。

アメリカでは、一九九〇年以来、ヘイト・クライム統計法に基づいて統計が公表されてきた。統計には、五種類の偏見（人種、宗教、障がい、性的志向、民族性）の動機に基づいて行なわれた犯罪（殺人、強姦、暴行、加重暴行、脅迫、強盗、窃盗、自動車盗、放火、器物損壊）に関する情報が含まれている。

ヘイト・クライム統計法はヘイト・クライムの正確な情報を収集することを目的としているが、バーバラ・ペリーによると、実際の状況とはかけ離れているという。なぜならヘイト・クライム統計法のヘイト・クライムの定義が狭すぎるからである。現実のヘイト・クライムはもっと多様な動機で、もっと様々な犯罪の形で現出している。統計には上がってこない暗数の存在は言うまでもない。そもそも犯罪統計に暗数はつきもので、実際の発生件数を精密に把握することはできない。まして、ヘイト・クライムは、刑事司法側に十分な対応姿勢がなければ暗数の方が多くなりかねない犯罪である。こうした制約はあるが、統計法によってアメリカにおけるヘイト・クライムの概要が一応は確認できる。

二〇〇二年には、七四六二件のヘイト・クライム犯罪のうち、人種的偏見によるものが四八・八％、宗教的偏見によるものが一九・一％、性的志向に基く差別が一六・七％、心身障がいの偏見が〇・六％である。人に対する犯罪が六七・五％、財産に対する犯罪が三二％である。もっとも多いのは脅迫で三五・二％、器物損壊等が二六・六％、暴行が二〇・三％、加重暴行が一一・七％である。

人種的偏見による犯罪のうち、黒人に対するものが六七・五％、白人に対するものが二〇・二％、アジア・太平洋諸島出身者に対するものが六・一％である。

宗教的偏見によるヘイト・クライムのうち、反セミティズム（ユダヤ人（教徒）に対する偏見と差別）が六五・九％、イスラモフォビア（イスラム教徒に対する偏見や憎悪）が一〇・八％、特定できないものが一三・八％、反カトリックが三・七％、反プロテスタントが二％である。

性的志向の異なる者への犯罪は一四六四件報告されているが、そのうち男性同性愛者に対するものが六五・四％、女性同性愛者に対するものが一四・一％である。

ヘイト・クライム殺人は一一件、強姦は八件、強盗が一三〇件である。家屋内で発生したものが二九・五％、路上が二〇％、学校が一〇・六％、公園や駐車場が六・二％である。

ヘイト・クライムの最大の被害者は、アフリカ系アメリカ人であり、ついでユダヤ人、男性同性愛者の順である。ホールは統計が不備であることを繰り返し指摘しているが、法律に従って情報を収集し、統計を公表していることだけでも重要である。どのようなヘイト・クライムが実際に発生しているかを確認し、議論することができるからである。被害者は誰か、どのような動機によるのか、どのような行為類型があるのかを明らかにしないと、議論を始めることもできない。

人種差別に関する統計調査をまったく拒否しながら、「人種差別禁止法を必要とするような人種差別は存在しない」と断定する日本政府とは決定的に違う。

〈過程〉としての犯罪

ホールは、ヘイト・クライムを単発の犯罪としてではなく、個別の犯罪が関連しながら継続する〈過程〉として理解しようとする。ヘイト・クライムを〈過程〉として理解すれば、動態的に分析し、〈過程〉におけるすべての行為者の社会的関係に着目することになる。身体的暴力、威嚇、脅迫の継続が特徴である。繰り返される被害、あるいは系統的な被害という観点が前面に出てくる。しかも、被害は犯罪の実行によって始まったり終わったりするのではない。ヘイト・クライムの被害は一つの犯罪とだけではなく、多くの犯罪と結びつくからである。特定個人だけが被害を受けるのではない。事件の発生による恐怖は、その瞬間を越えて広がる。

ホールは、ボウリングによるニューハム調査を紹介している。一九八七年から八八年にかけてニューハムの二つの通りに住む七家族に対して五三件の嫌がらせが発生した。言葉による嫌がらせ、卵を投げる、器物損壊、ドアをノックするなど。一つひとつは小さな事件であり、犯行者もそれぞれ個別に行なっている。しかし、これらが累積することで被害者にとっては重大な恐怖となる。ヘイト・クライムの被害は、単発事件によっては理解できないので、過去に遡って累積的に調査する必要があるが、刑事司法や犯罪統計にはこの観点が欠けている。

ホールによると、〈過程〉としてのヘイト・クライムの被害や影響は、単発事件の被害や影響とは異なる。犯罪学者のヘレク、コーガン、ギリスによる一九九七年のヘイト・クライム調査によると、被害者にはひじょうに長期にわたるPTSD（心的外傷後ストレス障害）が確認され、落胆、不安、怒りに囚われがちである。通常犯罪なら二年程度の影響が、ヘイト・クライムでは五年以上継続する。ヘレク、コーガン、ギリスは二〇〇二年にも調査を行なった。それによるとカムアウトした同性愛者は、公共の場で見知らぬ男性から被害を受けることが多い。通常犯罪とヘイト・クライムとでは、暴行の程度が同じであっても、被害者が受ける心身のダメージは異なる。そして、被害者個人だけではなく、同性愛者のコミュニティ全体に対しても影響を与える。

ヘイト・クライムは、コミュニティの他の構成員に対して〈メッセージ〉を送るのである。犯行者の犯罪動機が伝えられることによって、憎悪の対象とされた集団全体に恐怖を呼び覚ます。

ホールはここでは言及していないが、ヘイト・クライムは加害者側、潜在的加害者にも〈メッセージ〉を送る。ボストンにおけるヘイト・クライムと通常犯罪に関するマクデビットらの研究によっても、被害者の心理には差異が確認される。ヘイト・クライムの方が後遺症が大きく、回復に時間を要する。将来の恐怖の大きさも、被害の繰り返しのためにずっと大きい。

犯罪学者のクレイグ＝ヘンダーソンとスローンの研究によると、人種差別はその人種に属しているために標的とされるが、その人種であることは外見でわかるので、いつ誰が被害を受けるかわからないという性質を有する。人種差別は、その人種を極端に否定的にステレオタイプ化し、烙印を押す。このことは犯行者の動機に明白に表れている。すべての被害者が否定的ステレオタイプを押しつけられる。

以上のように、ホールは、ヘイト・クライムを量的にも質的にも検討して、被害のメカニズムを明らかにしたうえで、加害者の研究に目を転じる。

権力理論

ホールはその著『ヘイト・クライム』第五章において、ヘイト・クライム犯罪者の分析を試みている。

ベン・ボウリングによると、イギリスで人種差別を犯罪として研究するようになったのは一九八〇年代からである。きっかけは一九八一年のブリクストン暴動の発生や同じ時期の被害者学の発展であった。他方、バーバラ・ペリーによると、「新しい」現象と理解されたという（『憎悪の名において――ヘイト・クライムを理解する』Barbara Perry, In the Name of Hate : Understanding Hate Crimes, Routledge, 2001.）。

ホールは、偏見がいかにして否定的な行為に転換するのかを犯罪学は説明できなかったという。ペリーも、犯罪学はヘイト・クライムを説明してこなかったという。

歴史的には、アノミー理論で知られるアメリカの機能主義的社会学者ロバート・マートンの緊張理論が最初の説明であった。マートンによると、犯罪は西欧社会における成功目標と、目標達成のために個人に与えられている手段との間の不適合である。この理論がヘイト・クライムに適用され、例えば「外国人」によって仕事や社会的資源が奪われたとか、「アウトサイダー」によって経済的安全が脅かされたと考えた者による犯罪という説明がなされた。目標達成の正当な手段に対する脅威への反応である。この説明を支える実証研究もなされた。

しかし、ヘイト・クライムは緊張が生じた時期や緊張がもっとも激しい時期に起きるとは限らない。ヘイト・クライム被害者は圧倒的に少数者であることが多く、社会にさほどの経済的影響を与えるわけではない。加害者側もあらゆる階層にわたっている。

ペリーによると、ヘイト・クライム犯罪者には、社会において比較的権力の地位にある者が含まれ、その地位は脅かされていない。それどころか権力の最高の地位にある者がヘイト・クライムを犯してきた。それゆえマートン理論ではヘイト・クライムを説明できない。

そこでペリーは「差異」に着目する。性別、人種、ジェンダー、階層などのヒエラルキーを構成する差異の観念が、差別現象には深く埋め込まれている。差異は社会的に構成されたもので、時と場所によって変化する。差異はその前提として「所属」を仮設する。境界が固定され、相互浸透性がなく、構成員は所与のものであり、選択できないとされる。こうした分割のもとでアイデンティティが構成される。差異の上に支配的な規範が形成される。西欧社会における白人、男性、キリスト教徒、裕福という標識が確立し、支配と権力の「神話的規範」となる。差異が優位性や従属性の階層構造を生み出す。この構造が、労働、雇用、政治、性別、文化を通じていっそう強められる。ヘイト・クライムは、社会における従属集団がよりよい地位を得ようとして優位・劣位の「自然な」関係を脅かすと、支配を再確立しようとして用いられる「道具」である。ヘイト・クライムは権力構造に深く根ざした抑圧の文脈で理解することができる。

しかし、ホールは疑問を呈する。ペリーの権力理論は個人の犯罪者と被害者との関係の複雑性を覆い隠すのではないか。権力理論が正しいならば、支配集団構成員だけがヘイト・クライム犯罪を行なうはずであるが、現実は違う。少数集団だけが被害者になるはずだが、そういうことはない。権力理論では、犯罪者がどう考えているのか、被害者がどう感じているのか、誰が犯罪者になりうるのかを説明できない。権力の考察は重要だが、人間感情や人間行動を、より多面的に検討する必要がある。

複合的な現象

ペリーの問題提起以後、ヘイト・クライム研究が盛んになった。ケリーナ・クレイグの論文「憎悪に基づく攻撃の研究」『攻撃と暴力行為』七号（二〇〇二年）は、規律と攻撃についての象徴的効果に着目して被害者集団の行動様式の変動を俎上に乗せつつ、犯罪者については社会、心理、政治、文化的な諸要因の総合研究を展開した。

レー・シビットの著書『人種ハラスメントと人種的暴力の犯罪者』（イギリス・内務省、一九九七年）は、ロンドンにおける人種暴動の研究をもとに、社会的文脈と個人の心理的要因の相互作用に焦点を当て、コミュニティにおける犯罪者の類型化を試みる。人種主義犯罪者は年齢も性別も問わないが、年代や性別によって犯罪化要因が異なる可能性を指摘する。年代別、犯罪表出のタイプ別の研究がめざされる。

マクデヴィット、レヴィン、ベネットの論文「ヘイト・クライム犯罪者」『社会問題雑誌』五八巻二号（二〇〇二年）は、ボストンでの犯罪者、被害者、警察官への調査に基づいて類型化を試みている。①スリル、②防御、③報復、④使命という四つの性格づけと、犯罪者が単独か集団か、年齢、場所（被害者の領域か犯罪者の領域か）、武器・手段、被害者歴、偏見の有無、抑止などとを交差させている。

バイアー、クライダー、ビッガースの論文「偏見犯罪の動機」『現代刑事司法雑誌』一五巻一号（一九九九年）は、分化的接触の理論で知られる犯罪学者サイクスとマッツァの理論を応用して、犯罪者が自己の行為を正当化する論理、手法を解明しようとした。アーミッシュに対するヘイト・クライムでは「中立化の手法」が用いられる。すなわち、①傷害の否定（「実害はないじゃないか」と言い募る）、②被害の否定（現実の被害者を無視する）、③より高い忠誠（自分が属する集団の安全という言い訳）、④非難者に対する非難（「被害者と称する者こそ犯罪者だ」とごまかす）、⑤責任の否定（関係のない他の諸事情への仮託）といった手法で差別を正当化しようとする。

ホールは、ヘイト・クライム研究は増え続けているが、なぜ人々がヘイト・クライムを行なうのかの包括的説明にはほど遠いという。刑事司法がヘイト・クライムに効果的に対処するためには、犯罪者の正確な理解が必要である。人間感情としての憎悪は偏見に根を持つという仮説は確かかもしれないが、単に偏見を有しているというだけでは不十分である。偏見を持っているからといって誰もがヘイト・クライムに走るわけではない。ホールは、むしろ誤った信念や否定的感情を犯罪行為に転換させる何ものかがあり、社会的、心理的、犯罪学的、文脈的な諸要因となっているはずだと考える。これら諸要因間の相互作用を具体的な文脈の中で理解する必要がある。憎悪という言葉は一つであるが、実は単一の感情や行動ではなく複合的な心理現象であり、それに応じた説明が必要であるという。

ヘイト・クライム法

ホールの著作『ヘイト・クライム』第六章は、ヘイト・クライム法を取り上げる。ホールは、ジェイコブとポッター(James Jacobs & Kimberly Potter , Hate Crimes : Criminal Law & Identity Politics , Oxford , 1998.) による、アメリカのヘイト・クライム法の分類を紹介している。

①犯罪が憎悪の動機による場合に刑罰を重くする法

②犯罪的行動を新しい犯罪として定義づける法

③特に公民権問題に関連する法

④ヘイト・クライムの報告・データ収集に関連する法

ホールはこの分類を参照しながら、アメリカの法律を順次紹介している。

一九六八年の公民権法は、現在のヘイト・クライム法の触媒となった。人種、皮膚の色、宗教、国民的出自のゆえに暴力や威嚇によって、選挙権、教育権、雇用の権利などの権利に介入することを禁止している。ヘイト・クライムそのものを対象にした法ではないが、ヘイト・クライム予防に関連すると理解されてきた。

一九九〇年のヘイト・クライム統計法は、アメリカ司法省をはじめとする法執行機関が、ヘイト・クライム情報を毎年収集し、公表することを定めた。人種、宗教、性的志向、民族によって動機づけられた犯罪に関連する情報を収集するもので、謀殺、故殺、強姦、暴行、傷害、放火、器物損壊などについて調査する。それによって、①刑事司法制度がより効果的にヘイト・クライムに対処できる、②法執行官がヘイト・クライムに敏感になる、③一般民衆がヘイト・クライムに関心を持つ、④アメリカ社会に「ヘイト・クライムに寛容であってはならない」というメッセージを送る、と期待された。

一九九四年の女性に対する暴力法は、被害者のジェンダーによって動機づけられた犯罪は、ジェンダーに基づく差別からの自由という被害者の権利を侵害する犯罪であるとした。これによってヘイト・クライムのカテゴリーに初めてジェンダーが導入された。

一九九四年のヘイト・クライム重罰化法は、犯行者が、被害者の人種、宗教、皮膚の色、国民的出自、民族、ジェンダー、傷害または性的志向に対する偏見によって犯行を行なったことが証明された場合、量刑を三〇％重くすることができるとした。

一九九六年の教会放火予防法は、宗教上の対立や偏見から教会・礼拝所に対する放火事件が続発したため、教会放火の量刑を加重するとともに、被害を受けた教会再建のために連邦がローンの保証をすることにした。

一九九九年のヘイト・クライム予防法は、上院を通過したが、下院を通過していない。ヘイト・クライムを重罪とし、訴追における連邦検事局の権限を強化する法律である（ヘイト・クライム予防法は、二〇〇九年一〇月に議会を通過し、オバマ大統領が署名して成立した）。

州法に眼を転じると、ヘイト・クライム法において、年齢に関する規定（四州）、暴行傷害（四五州およびコロンビア特別区）、民事訴訟（三〇州等）、情報収集（二三州等）、ジェンダー（二五州等）、制度的蛮行（四二州等）、人種、宗教、民族集団（四三州等）、性的志向（二八州等）の規定がある。

もっとも、アメリカでもイギリスでも、ヘイト・クライム法に対して理論的批判や実務的批判が生まれているという。法律を制定したからといってヘイト・クライムがなくなるわけではない。法律に対する反発を生じることもあるし、実務が十分に法律を適用しないこともある。表面だけ取り繕って、かえって密行化することもある。

とはいえ、ヘイト・クライム統計法を制定して、実態を明らかにした上で必要な立法の検討を行なう手順は参考になる。

以上、英米におけるヘイト・クライム法についてみてきた。人種差別を禁止する法律にはさまざまなものがあり、ドイツでは民衆煽動罪（「アウシュヴィッツの嘘」罪）も制定されている。その他、ヘイト・クライム法や人種差別禁止法は欧州諸国だけではなく、多くの諸国に見られる。

というよりも、人種差別撤廃条約が人種差別禁止法の制定を求めているから、大半の諸国には何らかの意味での人種差別禁止法があるし、深刻な人種差別犯罪が起きてきた諸国にはヘイト・クライム法がある。

人種差別撤廃委員会一般的勧告三一

人種差別撤廃委員会は、二〇〇五年に、「刑事司法制度の運営と機能における人種差別の予防に関する一般的勧告三一」を採択した。

人種差別撤廃委員会は、人種差別撤廃条約第九条に基づいて一般的勧告を出すことになっている。これまで、締約国の義務（第四条）に関する勧告一、非‐市民に関する勧告（勧告一一）、人権擁護における法執行官の訓練に関する勧告一三、人道に対する罪を訴追する国際法廷の設置に関する勧告一八、自己決定権に関する勧告二一、先住民族の権利に関する勧告二三、ロマに対する差別に関する勧告二七などを出している。二〇〇五年の勧告が三一番目である。二〇〇九年には、人種差別撤廃条約における特別手続の意義と射程に関する勧告三二、ダーバン・レビュー会議のフォローアップに関する勧告三三が採択されている。

以下では、一般的勧告三一の内容を簡潔に紹介する。勧告三一の焦点は刑事司法制度における人種差別に当てられているので、ヘイト・クライム法そのものの問題を扱っているわけではないが、浮上する問題点には一定の共通性がある。

勧告前文は、人種差別撤廃条約第一条における人種差別の定義に触れ、第五条の法律の前の平等や権利享有の無差別についての国家の責務を確認し、第六条の人種差別に対する救済に触れた上で、ダーバン宣言25に言及している。25は、刑罰制度の機能や、法の適用、法執行に責任のある機関や個人の行為や態度が、とくに拘禁・収容されている人々から多く申立てられているような一定の集団に影響を与えている場合に、そこに存続している人種主義・人種差別に強く拒否を表明している。さらに、二〇〇五年の国連人権委員会と人権促進保護小委員会の刑事司法制度における差別問題に関する議論を念頭に置いて、いずれの諸国の刑事司法制度も人種差別から自由ではないことを指摘し、むしろ近年そうした人種差別が増加していることに関心を表明し、刑事司法制度における人種差別と闘うことを決定している。ここで念頭に置かれている被害者は、移住者、難民、難民申請者、無国籍者などの非‐市民、ロマ／ジプシー、先住民族、国内避難民、世系による被差別者などである。

人種差別の指標

勧告三一は最初に「一般的段階として、刑事司法制度の運営と機能における人種差別の存在と程度を評価するための段階」を検討している。

事実上の指標としては、例えば、次のものが例示されている。

①人種差別被害者となる集団に属する者の数と比率。

②人種差別行為に関連する告発、訴追、判決がないこと又は少ないこと。数値が少ないことが人種差別がないこ

とを示すものではない。被害者が自己の権利を認識できなかったり、報復を恐れるなど、告発できないことがあるからである。

③人種差別被害者となる集団に属する者に対する法執行官の行動に関する情報のないこと。

④人種差別被害者となる集団に属する者に帰せられた犯罪率が不釣合いに高いこと。特に麻薬、売春などの路上犯罪の場合。

⑤人種差別被害者となる集団に属する者の、刑事施設、予防拘禁施設、空港における収容施設等における数と比率。

⑥人種差別被害者となる集団に属する者に対する裁判所による判決の厳しさや不適切さ。

⑦人種差別被害者となる集団に属する者が、警察官、裁判官、陪審員その他の法執行官になっていないこと。

こうした指標を活用するために、国家は、警察、司法当局、刑事施設当局、入国管理当局などから定期的かつ公的に情報を収集する必要がある。

次に法律上の指標である。

①人種差別に関する国内法におけるギャップ。締約国は、人種差別撤廃条約第四条に従って、人種主義行為を犯罪化するべきである。

②潜在的な間接差別が、テロ、移民、国籍、国外送還などに関する法律に影響を与える。国家はこうした法律から差別的影響を排除するよう努めるべきである。

差別予防戦略

勧告三一は、刑事司法制度の運営と機能における人種差別を予防するために発展させられるべき戦略について次のように述べている。

①特定の集団に属する者だけしか行なうことのできない行為を処罰する法律を廃止すること。
②警察官、刑事施設職員などに、適切な教育により、異なる人種間の寛容と友愛を広めること。
③警察や司法当局と、人種差別被害者となる集団の代表者の間で、対話と協力を促進すること。
④警察や司法制度に、人種集団に属する者が適切に配属されていること。
⑤国際人権法と合致する範囲で、先住民族の伝統的な司法制度を尊重すること。
⑥人種差別被害者となる集団に属する者の文化的宗教的慣行を考慮して、刑事施設の状況を変えること。
⑦国内避難民について移動法廷などの配慮をすること。
⑧紛争後に、その領域に法の支配を再確立するための計画を作成すること。
⑨構造的な人種差別を撤廃するための国家戦略や行動計画を履行すること。
⑩人種差別に対処する独立した国内機関を設置すること。

被害者のアクセス

次に勧告三一は、被害者が司法にアクセスできるかどうかという観点で人種差別の予防措置について述べている。

①条約第六条が、被害者に、自国の裁判所を通じて人種差別の行為に対する効果的な保護と救済措置を得ることを締約国が確保するよう定めていることが確認される。
②被害者の司法へのアクセスを容易にするために、締約国は、もっとも人種差別にさらされやすい社会集団に属する者が自己の権利を認識していないことがあるので、法律情報を提供するべきである。

③同様に、締約国は、無料法律扶助、法律助言センター、法律情報センター、和解とメディテーションのためのセンター等の制度を促進するべきである。

④締約国は、弁護士会、大学、法律助言センター、NGO等との協力を発展させるべきである。

被害の申立・告発についても、勧告三一は、警察が、人種差別被害者となる集団に属する者がいる地域や施設に適宜臨場できるようにするべきとしている。警察署等における人種差別被害の申立・告発についての記録、捜査、必要な措置が求められる。人種主義行為に関する告発を警察が受理しない場合は、規律違反または刑事制裁の対象とするべきである。また、警察官や公務員は、人種差別に基づいた人権侵害行為をする命令には従わない権利と義務を有する。

国家は、検察官に対して、人種主義に動機づけられた犯罪を訴追することの重要性を想起させるべきである。被害者が裁判所に訴えることが容易になるように、人種主義被害者の法手続的地位を明確にし、効果的な法律扶助や無料の通訳を保障し、法手続の進行状況に関する情報を提供し、被害者とその家族を報復から保護する必要がある。国家は、被害者、家族、証人が、裁判所による尋問聴取を受け、敵対証人と対面し、証拠や手続について告知されるよう、適切な場所を用意するべきである。尋問に際しては、人種差別被害者の尊厳を尊重するべきである。人種差別による物的および精神的損害の適切な補償が求められる。

人種差別なき刑事手続を

勧告三一は、刑事司法手続における人種主義と人種差別を予防するため、刑事手続の全般にわたって、さまざまな対処を求めている。

国家は、人種差別被害者となる集団に属することだけを理由にして裁判所への出頭、取調べ、逮捕をしてはならない。人種差別被害者となる集団に属する者に対する拷問を予防し、厳しく処罰しなければならない。身柄拘束された者には十分に品位のある条件を保障するべきである。

同様に、予審、公判と判決（無罪の推定、弁護人の援助を受ける権利、通訳の権利、独立公正な裁判所）、公正な刑罰、判決執行についても、それぞれに応じた権利保障と配慮が求められる。

勧告三一は、人種差別被害者となる集団に属する者が、被害者として刑事手続にかかわる場合と、被疑者・被告人として刑事手続にかかわる場合の両方を想定して、それぞれの局面における権利保障を掲げている。全体として人種差別なき刑事司法を実現するための必須事項である。

ヘイト・クライムの被害を受けた場合に、被害者が刑事司法にアクセスできること、そのための知識や法的資源が保障されていること、刑事手続において二次被害を受けないこと、適切な補償を受けられること、報復から保護されることなど、刑事手続全体を通じた検討が必要である。

日本政府は、ヘイト・クライムの犯罪化を否定しているうえ、以上に述べたような権利保障もほとんどまったく検討せず、放置したままである。

日本政府は、一方で自ら人種差別を行ない、他方で人種差別の調査を拒否し、加えて人種差別禁止法を拒否してきた。これでは被害者は救われない。被害を受けて、告発しようにも、日本政府が相手ではまともに取り扱ってくれない。それどころか二次被害を受ける可能性が高い。下手をすると報復措置が待っている。それゆえ被害者は告発しようとしない。こうして人種主義と人種差別が社会をゆっくりと確実に破壊していく。

第6章　人種差別禁止法をつくろう

——私は差別をしない、と言うのなら

法制定に向けて

本章では、日本における人種差別禁止法の制定に向けた議論を紹介・検討する。

人種差別禁止法とヘイト・クライム法という二つの言葉をもう一度確認しておこう。人種差別禁止法は、人種差別を禁止する民事・行政・刑事など諸分野にまたがる法律を念頭においている。個人や団体による人種差別の禁止、政府による人種差別の禁止、差別被害者の救済（被害補償、損害賠償、地位保全など）をはじめとする諸分野にわたる法律である。ヘイト・クライム法は、人種主義や人種差別による刑事犯罪の規制を中核とする法である。人種差別撤廃条約第四条（a）（b）が求めているのも、ヘイト・クライムの刑事規制である。ヘイト・クライム法は人種差別禁止法の一部を指すことになる。

日本政府は、ヘイト・クライム法は憲法上の表現の自由に反するなどと称しながら、人種差別禁止法全体の制定を拒否している。故意に議論を混乱させてきた疑いがある。

ヘイト・クライムを処罰する刑事規制については、基本的人権や各種の法原則に照らして慎重な検討がなされなければならないのは言うまでもない。しかし、ヘイト・クライム法の部分を除いた人種差別禁止法は速やかに制定できたはずである。ところが、日本政府は人種差別禁止法を全面的に拒否してきた。

人種差別の予防と対策のためには各種の規制が必要である。民事法や行政法による規制も不可欠であるし、広報や教育（学校教育、社会教育など）を通じた差別防止も重要である。そのことは人種差別撤廃条約に明確に示されている。人種差別撤廃条約第七条は、締約国に人種差別との闘いを求めている。人種差別を防止するさまざまな施策を展開した上で、それでは対処しえない人種差別や排外主義がはびこっている場合には、ヘイト・クライム法が必要となるだろう。

以下、人種差別禁止法およびヘイト・クライム法の制定に向けた議論に焦点をあてることにする。

初期の立法提案

差別的表現に関する憲法論を展開した憲法学者の内野正幸（当時・筑波大学教授、現・中央大学教授）は、人種差別撤廃条約や自由権規約を取り上げ、「自由主義諸国の苦悩」と題して各国の立法例を紹介している（内野正幸『差別的表現』有斐閣、一九九〇年）。

内野は、アメリカの人種的集団誹謗の禁止、イギリスのヘイト・クライム法、フランスの人種差別禁止法の集団侮辱と憎悪・暴力煽動、カナダの憎悪煽動罪などを紹介・検討し、立法例について、①人種的集団に対する憎悪煽動、②差別煽動、③名誉毀損、④侮辱の四つに類型化できるとしている。規制範囲について、人種差別撤廃条約四条（a）は禁止の対象にあまり限定をつけていない、立法例にも同様の例がある、ドイツやフランスの立法には「本来自由であるべきだと思われるような表現行為に対してまで、適用される傾向」があると指摘している（反差別国際運動日本委員会『人種差別撤廃条約と反差別の闘い』解放出版社、一九九五年）。

内野は、「部落差別的表現の規制」について賛成論と反対論を検討したうえで、五つの私案を紹介している。
①部落解放同盟・差別規制法要綱（案）
「第三（差別表現、差別煽動の禁止）（一）何人も、ことさら部落差別もしくは民族差別の意図を以って、個人もしくは集団を公然と侮辱し、またはその名誉を侵害してはならない。（二）何人もことさら前記記載の差別を煽動する目的をもって、公然と個人もしくは集団に対する暴力行為または殺傷行為を挑発してはならない」

②松本健男案

「何人も、民族、人種、国籍ならびに社会的出身、出生を理由として、個人又は集団に対し、公然と侮辱的言動をなし、あるいは名誉、信用を傷つけ、憎悪、暴力、交際拒絶を煽動し、もしくは社会的・市民的権利の享有を妨害し、あるいは誹謗してはならない」

③森井暲案

「個人または団体に対し、ことさら部落差別の意図をもって、公然となされる侮辱、名誉毀損ならびに信用毀損を禁止する」

④山中多美男案

（一）確信犯、開き直り、（二）差別を利用しての利益追及、（三）執拗な差別電話、手紙、落書き、（四）ファッショ的な内容、を対象にする。教育・啓発を先行させ、にもかかわらず反省のない者に行政罰を科す。

⑤内野正幸案

「（第一項）日本国に在住している、身分的出身、人種または民族によって識別される少数者集団をことさらに侮辱する意図をもって、その集団を侮辱したものは、……の刑に処す。（第二項）前項の少数者集団に属する個人を、その集団への帰属のゆえに公然と侮辱した者についても、同じとする。（第三項）前二項にいう侮辱とは、少数者集団もしくはそれに属する個人に対する殺傷、追放または排除の主張を通じて行なう侮辱を含むものとする。（第四項）本条の罪は、少数者集団に属する個人またはそれによって構成される団体による告訴をまってこれを論ず」

以上の諸案の特徴は次のようにまとめることができる。

第一に、①②③は禁止規定であり、犯罪とする趣旨と思われるが、それが文章に反映されていない。④⑤は犯罪であることを明言している。

第二に、いずれも人種差別撤廃条約に準じた規定案にはなっていない。この時期、総合的な人種差別禁止法はまだ射程に入っていなかった。

第三に、①②③⑤は個人に対する差別禁止と集団に対する差別禁止の両者を含んでいる。

第四に、①②は差別禁止と煽動禁止の両方を含むが、それ以外は煽動禁止について明示していない。

第五に、刑罰内容が特定されていない。刑の種類も量も明示されていない。

第六に、いずれも差別表現を伴う暴力や差別的動機による暴力の加重処罰規定に言及していない。

内野の議論は高く評価されるべきである。というのも、一九九〇年当時、人種差別禁止法の制定を求める議論は決して多くはなかった。憲法学は、一般に精神的自由の優越的地位を論じ、表現の自由については無条件絶対の保障がなされるべきだとする傾向があった。表現の自由をめぐる議論といえば、教科書検定問題、わいせつ表現規制、公安条例問題など、国家による規制からいかにして表現の自由を守るかという観点での議論が圧倒的であった。そのこと自体は当然のことといえる。しかし、個人に対する名誉毀損罪や侮辱罪が刑法に規定されているのだから、人種差別表現の刑事規制がただちに表現の自由に反すると即断するのは疑問である。内野は、そうした時代に、差別表現の刑事規制の合理性と限界を画するための議論を始めていた。

国際社会からの勧告（1）

日本政府が人種差別撤廃条約を批准したことにより、状況は大きく変化した。人種差別撤廃条約第四条は、人種的優越主義に基く差別と煽動を犯罪として禁止するよう要請している。第四条（a）は人種的優越・憎悪観念の流布・煽動を犯罪とし、（b）は人種差別団体を規制することとし、（c）は国による人種差別助長・煽動を禁じている（日本政府は（a）（b）を留保している）。人種差別撤廃委員会に提出された報告書を見ると、多くの国で実際にそうした処罰立法がなされており、現に適用されている。

①人種差別撤廃委員会

二〇〇一年三月二〇日、人種差別撤廃委員会は、前年四月九日の石原慎太郎都知事の「三国人発言」は条約に違反する差別発言だと指摘した（前田朗「問われた日本の人種差別――人種差別撤廃委員会日本政府報告書審査」『生活と人権』一二号、二〇〇一年）。

日本政府は次のように回答した。「石原発言は特定の人種を指していない。外国人一般を指したもので人種差別を助長する意図はなかった。『不法入国した三国人、外国人が凶悪な犯罪を繰り返しており、災害時には騒擾の恐れがある』との言葉だが、都知事には人種差別を助長する意図はなかった」

「特定の人種」に対する差別ではなく「外国人一般」を差別するのは自由だと言いたげな日本政府である。

人種差別委員会の最大の関心事は、日本政府が条約第四条（a）（b）の適用を留保していること、しかも日本に人種差別禁止法がないことであった。石原発言が野放しになっていることやチマ・チョゴリ事件への厳しい批判に次いで、人種差別禁止法の制定を求める発言が続出した。印象的だったのは「人種差別表現の自由などというものは認められない」という趣旨の発言であった。委員会の「最終所見」は、人種差別の禁止と表現の自由は対立せず、両立することを指摘し、条約を完全に実施するために人種差別禁止法を制定し、人種差別を犯罪とするよう勧告した。

日本政府は条約を批准した際に、条約第四条（a）（b）の適用を留保した。条約第四条（a）（b）は、人種差別助長煽動を犯罪として処罰することを義務としている。委員会審議では、人種差別助長煽動に日本政府がどのように対処するのか、なぜ人種差別禁止法を制定しないのかに重点が置かれた。日本政府に対して次のような質問・

意見が寄せられた。

「法律制定のみではなく実効性こそが必要である。日本刑法は一般的な性格のものでしかなく、条約は人種差別流布に対する個別規定をつくることを求めている。チマ・チョゴリ事件を見れば立法の必要性が高い。差別団体禁止措置がまったく存在しない。暴力を用いた場合に限らず差別団体を規制するべきである。第四条留保を撤回するよう要請する」(ロドリゲス委員)

「条約は、締約国は人種差別撤廃努力をすると明言している。日本国憲法には第一四条しかない。これで十分といえるのか。レストラン、飛行機での差別行為にどのような法律が適用されるのか。犯罪行為には実際の制裁が必要である。犯罪は処罰されるというが、暴力や名誉毀損を処罰しているだけで人種差別を処罰していない。人種差別は法律で処罰するべき犯罪である。第四条を留保している国でも人種差別処罰法がある(例えば、フランスやイタリア)。外国人憎悪ポスターが放置されている(神奈川県警ポスター)。在日朝鮮人を誹謗するパンフレットが配布されている。外国人憎悪思想の流布、意図的煽動がなされれば、裏にある意図が何であれ犯行者を起訴するべきだ。日本社会がどのように差別を撤廃するのか知りたい。みんなでお祈りするのか。自信をもてばなんとかなるのか。人種差別撤廃は社会に課された責任である」(ディアコヌ委員)

「日本刑法は人種差別や流布を犯罪にしていない。人種主義的動機による暴力を犯罪としていない。第四条は人種差別団体を取り扱っているが、日本政府報告書には言及がない。憲法第一四条では不十分である。象徴的な意味での特別立法をつくることとは、社会において、あるべき価値観を表明することである」(デ・グート委員)

「人種差別表現が見られる。中国人や日系人に対してもそうである。悪質な行為は法的規制をするべきである。神奈川県警の中国人差別ポスターには驚いた。『携帯電話を使う中国人を見たら一一〇番』。明らかに人種差別であり、許されない。第四条を施行すればこうした差別発言に法律的に対応できる」(タン委員)

「人種差別のない社会をつくるには立法が必要である。条約は憎悪言論を禁止している。絶対的な表現の自由は第四条を否定するものなので、日本政府は真剣に検討して欲しい」（シャヒ委員）

これに対して日本政府は次のように回答した。

「処罰立法を検討しなければならないほどの人種差別煽動は日本には存在しない。憲法は表現の自由を保障している。表現行為の制約には、制約の必要性と合理性が求められる。優越的表現や憎悪の活動の行きすぎは刑法の個別的な罰則で対処する。現行の法体系で十分な措置である」

これに対して、再度、委員から次のような指摘が続いた。

「第四条は、意図の善し悪しにかかわらず、すべての国に拘束力をもつ。予防的性格も重要である。人種差別の流布宣伝はあっという間に広まる。従って予防的性格が重要になる。表現の自由と暴力行為に関して日本には団体規制法がない。日本政府は人種差別団体が存在すると認めているが、処罰はない。しかし、特定の人に対する差別行為や文書流布も暴力行為に匹敵する。他の人々の存在を否定する言論は、物理的暴力よりも激しい暴力となることがある」（ユーティス委員）

「人種差別禁止法を制定し、処罰と予防と教育を行なうべきである。法律は象徴的な意味もあり、社会において無視すべきでない価値観を示すことができる。人種差別宣伝流布が今は行なわれていないとしても、外国人が増加しているので外国人憎悪による行為が行なわれるようになるかもしれない」（デ・グート委員）

「問題は人種差別に対して国家がどのように対処するのかである。国家が社会の背後に隠れることは許されない。これは将来重大な問題に発展するかもしれない」（ディアコヌ委員）

日本政府は再度回答した。

「人種差別行為を処罰しないということではない。人種差別行為は様々の形で行なわれるので、それに対応して処罰している。差別的暴力は処罰対象である。現行法で十分担保している。量刑では人種差別的側面も考慮をしている。暴力の動機が人種差別であれば被告人に不利な事情として考慮される。人種的優越・憎悪流布・煽動助長団体という概念は非常に広い概念であり、法的規制は表現の自由にかかわり、処罰することが不当な萎縮効果をもたないか、罪刑法定主義に反しないかという考慮をしなければならない。絶対的な表現の自由を認めるのかとの指摘があったが、表現の自由を絶対化しているわけではない」

結局、「最終所見」は次のようにまとめられた。

「10．委員会は、関連規定が憲法第一四条しかないことを懸念する。条約第四条・第五条に従って、人種差別禁止法を制定することが必要である」

「11．条約第四条（a）（b）に関して日本が維持している留保に留意する。当該解釈が条約第四条に基づく日本の義務と抵触することに懸念を表明する。第四条は事情のいかんを問わず実施されるべき規定であり、人種的優越・憎悪に基づくあらゆる思想の流布の禁止は、意見・表現の自由の権利と両立する」

「12．人種差別それ自体が刑法において犯罪とされていないことを懸念する。条約の諸規定を完全に実現すること、人種差別を犯罪とすること、人種差別行為に対して権限のある国内裁判所等を通じて効果的な保護と救済措置を利用する機会を確保することを勧告する」

以上のように、二〇〇一年の人種差別撤廃委員会において、日本政府に対して、人種差別と闘う姿勢を示すこと、そのために人種差別禁止法を制定することが勧告された。

その後もさまざまな国際人権機関からの勧告が続いた。主な例だけ見ておこう。

②人種差別問題特別報告者

二〇〇六年、国連人権理事会のドゥドゥ・ディエン人種差別問題特別報告者の報告書が公表された（E/CN.4/2006/16/Add.2. 前田朗「日本には人種差別がある——国連人権委員会が日本政府に勧告」『週刊金曜日』五九七号、二〇〇六年）。

「日本政府は、日本社会に人種差別や外国人排斥が存在していることを公式に表立って認めるべきである。差別されている集団の現状を調査して、差別の存在を認定するべきである。日本政府は、人種差別と外国人排斥の歴史的文化的淵源を公式に表立って認め、人種差別と闘う政治的意思を明確に強く表明するべきである。こうしたメッセージは、社会のあらゆる水準で人種差別や外国人排斥と闘う政治的条件をつくりだせるのみならず、日本社会における多文化主義の複雑だが意義深い過程を促進するであろう」

ディエン報告者は、日本における人種差別の現状を分析し、日本政府の政策や措置も検討した上で、数々の勧告を行なった。特に強調されたのが、人種差別が存在することを公的に認め、人種差別を非難する意思を明確に表明し、人種差別と闘うための具体的措置をとること、人種差別禁止法を制定することである。

「日本政府は、自ら批准した人種差別撤廃条約第四条に従って、人種差別や外国人排斥を容認したり助長するような公務員の発言に対しては、断固として非難し、反対するべきである」

「日本政府と国会は、人種主義、人種差別、外国人排斥に反対する国内法を制定し、憲法および日本が当事国である国際文書の諸規定に国内法秩序としての効力を持たせることを緊急の案件として着手するべきである。その国内法は、あらゆる形態の人種差別、とりわけ雇用、住居、婚姻、被害者が効果的な保護と救済を受ける機会といった分野における差別に対して刑罰を科すべきである。人種的優越性や人種憎悪に基づいたり、人種差別を助長、煽動するあらゆる宣伝や組織を犯罪であると宣言するべきである」

③国連人権理事会

人権委員会が改組されて二〇〇六年に発足した人権理事会は「普遍的定期審査（UPR）」という制度を設け、各国の人権状況を審査することにした。日本についての最初のUPRは、二〇〇八年五月に行なわれた。総会に先んじた作業部会において、日本政府に対して多数の勧告がなされていたが、総会においても同様に厳しい指摘がなされた。日本政府が多くの人権条約の選択議定書を批准していないと指摘し、人種差別禁止法を制定すべきこと、インターネット上の人権侵害に対処すること、死刑廃止に向けた努力をすること、難民認定の独立機関を設置すること、日本軍性奴隷制の解決に向けた努力をすることなど、多面的な指摘がなされた（A/HRC/8/44/Add.1. 前田朗「国連人権理事会の普遍的定期審査」『統一評論』五二二号、二〇〇九年）。

④自由権規約委員会

市民的および政治的権利に関する国際規約に基づく自由権規約委員会は、二〇〇八年一〇月三〇日、日本について最終見解を発表した（前田朗「自由権規約委員会が日本政府に勧告」『統一評論』五一九号、二〇〇九年）。

自由権規約委員会は日本軍性奴隷制問題を解決するよう厳しい指摘をした。年金制度に関しても、日本国籍者以外に対する年金からの除外を是正すること、移行措置をとることを勧告した。朝鮮学校に対して、他の私立学校と同様の卒業資格を認定し、その他の経済的手続的な利益措置を講じることも勧告した。

自由権規約委員会はその他にも多くの勧告を出している。主要なものを項目だけ列挙してみよう。ⓐアイヌ民族を先住民族として認めること。琉球／沖縄についても権利を認めること。ⓑ人身売買被害者を救済すること。ⓒ外国人研修生や技能実習生に対する搾取や奴隷化を是正すること。ⓓ拷問を受ける恐れのある国への送還を行なわないこと（ノン・ルフールマン原則）。ⓔ裁判官などにジェンダー教育を行なうこと。ⓕ子どもの虐待に対処すること。ⓖ同性愛者や性同一性障がい者への差別をなくすこと。

以上のように、国際人権機関から日本政府に対する勧告が相次いでいる。人種差別禁止法を制定するべき十分な立法事実があることを推測させるものである。

最近の立法提案

国際人権機関からの勧告を受けて、NGOレベルではさまざまな議論の積み重ねが見られる。もともと、国際人権機関による勧告は、NGOの報告書などに基づいて審議を行なった結果出てきたものであって、人権NGOの努力が背景にある（前田朗「人種差別撤廃NGOネットワーク」『無罪！』二〇〇六年九月号）。

ここでは「外国人人権法連絡会」による議論の成果をもとに見ていこう（外国人人権法連絡会編『外国人・民族的マイノリティ人権白書』明石書店、二〇〇七年）。

①外国人住民基本法（案）

「外登法問題と取り組む全国キリスト教連絡協議会」が、一九九八年一月に作成した。前文、第一部「一般的規定」、第二部「出入国および滞在・居住に関する権利」、第三部「基本的自由と市民的権利および社会的権利」、第四部「民族的・文化的および宗教的マイノリティの権利」、第五部「地方公共団体の住民としての権利」、第六部「外国人人権審議会」（全二三条）から成る。第三条第二項は「国および地方公共団体は、人種主義、外国人排斥主義、および人種的・民族的憎悪に基づく差別と暴力ならびにその扇動を禁止し抑止しなければならない」とする。同条第三項は司法的救済等を定めている。

この規定は、人種差別、暴力、その煽動を犯罪化することを含意しているものと推測できるが、その内容はあいまいである。具体的な実行行為が特定されていない。差別と暴力の保護法益は被害者の個人的法益と考えられるが、煽動は人種集団や民族集団の集団的法益を想定しているようである。刑罰には言及がない。

②多民族・多文化の共生する社会の構築と外国人・民族的少数者の人権基本法の制定を求める宣言

日本弁護士連合会が、二〇〇四年一〇月に作成した。前文と八項目から成る。ⓐ基本的人権と少数者の権利、ⓑ永住外国人の地方参政権等、ⓒ社会保障、ⓓ労働権、ⓔ外国人女性に対する暴力防止、ⓕ在留資格、入国管理手続の適正化、ⓖ教育権、ⓗ人種差別禁止法等。第八項は「人種差別禁止のための法整備を行ない、その実効性を確保するために政府から独立した人権機関を設置するとともに、差別禁止と多文化理解に向けた人権教育を徹底すること」とする。

人種差別禁止法の提案であるが、人種差別の犯罪化が含まれているか否かは不明である。

③外国人・民族的少数者の人権基本法要綱試案

日本弁護士連合会第四七回人権擁護大会第一分科会実行委員会が、二〇〇四年一〇月に作成した。右の「宣言」を具体化した要綱試案である。前文、第一章「総則」、第二章「外国人及び民族的少数者の人権と国及び地方自治体の責務」、第三章「旧植民地出身者とその子孫の法的地位」、第四章「人種差別の禁止」、第五章「国・地方自治体の施策」、第六章「救済機関」から成る。第四章の1は「国及び地方自治体は、人種差別撤廃条約の諸規定を国内においても実効化するための法律または条令を制定する責務を有する」とする。

「人種差別撤廃条約の諸規定を実効化する」ことには人種差別の犯罪化が含まれるはずであるが、試案はそこまで明言していない。第六章では、「第二章ないし第四章に規定する権利の侵害」の救済機関としての国内人権機関を設置することとしている。司法的救済には言及していないので、人種差別の犯罪化を意図していないとも読める。

④人種差別撤廃条例要綱試案

東京弁護士会外国人の権利に関する委員会差別禁止法制検討プロジェクトチームが、二〇〇五年六月に作成した。一「総則」、二「個別分野における差別禁止」、三「公務員による差別禁止の特別規定」、四「地方公共団体・企業及び私人の責務」、五「救済手続」から成る。人種差別を、直接差別・間接差別・ハラスメントに分類している。二「個別分野における差別禁止」では、労働・公務就任、医療・社会保障、教育、団体加入等、不動産の貸借、売買、施設利用等における人種差別を禁止し、末尾の「罰則」は「本章の禁止規定に違反した者は、これを罰する」とする。三「公務員による差別禁止の特別規定」では、「公務員が、公の場において、公務に従事する者としての立場において、人種等の事由につき日本における少数者の立場にある人種集団若しくはそこに属する者に対し、人種等に関し、暴力行為を行ない若しくはそれを扇動し、憎悪を表現し、または脅迫若しくは侮辱を行なったときはこれを罰する」とする。五「救済手続」の「刑事告発」の項では、首長の直轄機関として設置される「人種差別撤廃委員会は、本条例において刑事罰の対象となる人種差別行為を認知したときは、検察官または司法警察員に対し告発することができる」とする。

第一に、「個別分野における差別禁止」に違反した者を罰するとしているのは、極めて包括的な犯罪化規定である。労働、医療、教育等の非常に広範な分野における、さまざまの人種差別行為を、無限定に犯罪化する趣旨と読める。

第二に、「公務員による差別禁止の特別規定」では、「人種集団若しくはそこに属する者」とあるように、個人的法益だけではなく、集団的法益も保護の対象としている。実行行為は、暴力行為、その扇動、憎悪表現、脅迫、侮辱である。個人に対する暴力行為、脅迫、侮辱は刑法上の犯罪であるが、扇動と憎悪表現は新たな犯罪規定である。

扇動は、「人種差別の扇動」ではなく、人種差別的な暴力行為の扇動であるから、人種差別撤廃条約とは異なる。憎悪表現は、煽動、脅迫、侮辱以外のさまざまな人種差別的表現をさすものと考えられる。

⑤人種差別撤廃法要綱

自由人権協会が、二〇〇六年二月に作成した。第一「目的」、第二「定義」、第三「一般的差別禁止」、第四「個別分野」、第五「公務員による差別または差別助長の禁止」、第六「罰則」、第七「国・地方公共団体・企業及び私人の責務」、第八「法律の広報・周知」、第九「法律の解釈の補足的手段としての国際人権法」、第一〇「救済手続の考え方」から成る。第六「罰則」は「以下の行為が故意になされた場合は、人権委員会の告発を条件としてこれを罰する。（1）公務員が第五に違反して行なった人種差別又は差別の助長、（2）前号以外の人種差別（ハラスメントを除く）」。人権委員会による告発は、第一〇の救済手続によっては問題が解決しないこと、当該行為の悪質性、重大性、告発が人種差別撤廃のために必要なことを条件としている。

第一に、公務員による人種差別又は人種差別の助長の犯罪化である。

第二に、公務員以外の者による人種差別の犯罪化である。「ハラスメントを除く」としているのは、直接差別と間接差別を犯罪化する趣旨である。対象分野は、労働・公務就任、医療・社会保障、教育、住居、物品等の提供、団体加入である。非常に広範囲であり、犯罪成立要件はあいまいであるが、人権委員会による告発という条件によって制約している。

⑥外国籍住民との共生に向けて

「移住労働者と連帯する全国ネットワーク」が、二〇〇六年六月に作成した。第一章「多民族・多文化共生の未来へ」、第二章「人権と共生に向けた法の整備」、第三章「働く権利・働く者の権利」、第四章「移住女性の権利」、第五章「家族と子どもの権利」、第六章「子どもの教育」、第七章「医療と社会保障」、第八章「地域自治と外国籍住民」、

第九章「『難民鎖国』を打ち破るために」、第一〇章「収容と退去強制」、第一一章「裁判を受ける権利」、第一二章「人種差別・外国人差別をなくすために」から成る。非常に詳細な提言である。第二章で外国人人権法と人種差別撤廃法の制定を提言しているが、その内容は第一二章で取り扱われている。まず「国際人権諸条約を完全批准し、これを実施する。特に以下のことを早急に実行する。①人種差別撤廃条約の第四条（a）（b）項に対する留保を撤回し、同条約第一四条（個人・団体の通報制度）が求める宣言を行なう」とする。次に、人種差別撤廃法の要綱として、ⓐ人権と基本的自由の享受、ⓑ国と地方自治体の責務、ⓒ人種差別の定義、ⓓ公権力・公務員による差別重視、ⓔ犯罪化、ⓕ被害者の救済と補償、を掲げる。第五項は「人種差別に対する罰則、人種主義の宣伝・扇動を刑事犯罪とする規定を含むこと」とする。

第一に、人種差別の犯罪化と、宣伝・煽動の犯罪化である。人種差別の犯罪化は非常に広範囲に見える。第二に、罰則と刑事犯罪という表現を使い分けているところからすると、宣伝・煽動は刑事犯罪とするが、人種差別は行政犯として過料の対象とする趣旨かもしれない。

⑦日本における人権の法制度に関する提言

「人権の法制度を提言する市民会議」が、二〇〇六年一二月に作成した。「日本の人権状況をめぐる現状認識」「提言にあたっての基本的視点」「提言の基本的枠組み」「わたしたちの提言」から成る。人権基本法、当事者差別禁止法の制定や、人権行政推進体制の確立などを提言する。「差別禁止規定は、一般的・抽象的な文言にとどまらず、差別禁止事由と差別行為を明記するとともに、意図的ではない差別、伝統的な文化や慣習に基づく差別、及びパターナリズムに根ざす差別の禁止も盛り込むべきである」とする。

当事者差別禁止法が、人種差別の犯罪化を含意するか否かは不明である。

立法提案の特徴

以上の諸提案の特徴をまとめてみよう。

第一に、内野が紹介した初期の立法提案と比較すると、最近の提案は、人種差別撤廃条約や国際人権機関による勧告を踏まえているので、国際人権法を意識した提案となっている。総合的な外国人人権法や人種差別禁止法が提案されている。それゆえ、人種差別の総合的立法の中にヘイト・クライム条項も含まれている。

第二に、ⓐ公務員による差別の禁止と公務員以外の者による差別の禁止、ⓑ差別禁止と煽動の禁止、ⓒ個人に対する差別と団体に対する差別などが、比較的区別されて議論されている。

他方、第三に、犯罪化するための立法提案としてはいまだ十分な考慮がなされていない。内野案のような具体的な条文化の試みもなされていない。犯罪の定義、刑罰内容の特定も十分とは言えない。

第四に、差別を伴う暴力や差別的動機による暴力を犯罪化することについての言及がない。諸外国においても一般的な立法例であるし、日本で立法化する場合にも、もっとも抵抗が少ないはずなのに、まったく言及されていない。

人種差別禁止法の課題

以上を踏まえて、今日における人種差別禁止法の課題と、ヘイト・クライム法の課題について検討してみよう。まず、人種差別禁止法の課題である。

人種差別禁止法の基本的内容は、すでに見たように、人種差別の犯罪性、人権侵害性の認識を示して、その規制のために刑法、民法、行政法その他の諸領域にわたる規制を設定するものである。刑法による規制はヘイト・クライム法として後述する。民法による規制は、通常は不法行為に対する損害賠償として現れる。行政法による規制は、一つには、公の当局自身による差別の禁止であり、もう一つは各種の業界に対する規制法となる。例えば、人種差別によるアパート入居拒否については、宅地建物取引きに関する資格法を通じての差別禁止が行なわれる。

この意味での人種差別禁止法すら日本政府によって拒否されていることは、驚くべきことである。憲法第一四条は法の下の平等を定めているし、民法は不法行為損害賠償の規定を有している。それゆえ、人種差別の民事規制はむしろ当然のことである。行政法における平等の確保も同様である。さまざまな資格法、業界法などに差別のないようにするのは、当たり前のことである。

日本政府は、かつては朝鮮学校生徒のＪＲ通学定期券すら差別していた。朝鮮学校卒業生の国立大学受験資格の差別は異様なまでに徹底していた。海外留学生の受験資格は認めても、在日朝鮮人の朝鮮学校だけはなんとしてでも認めないという、常識では考えられない激しい「差別熱」に駆られていた。しかし、さすがに政府による差別は徐々に改善されてきた。国際社会の勧告が力を発揮したことは言うまでもない。最近は制裁を口実にした新しい差別が行なわれているが、いつまでも続けられるものではない。

こうした経過を踏まえて、日本政府もそろそろ自ら差別を行なうことのないように姿勢を改め、人種差別撤廃条約第四条（ｃ）を遵守するべきである。

その上で、公の当局による差別、公務員個人による差別の是正、抑止にも前向きになるべきである。

日本社会では多くの人が「私は差別をしない」と言う。確かに日本社会が特別に差別的な社会ということはない。多くの日本人が差別はよくないと感じているのも事実だろう。

それならば、なおのこと人種差別禁止法を制定するべきだ。「私は差別をしない」としても、他に差別されている人がいるのであれば、救済法を制定するのは当然である。「私は差別をしない」と言うのなら、何も恐れる必要はないはずだ。

ヘイト・クライムの類型

ヘイト・クライム法の具体的な提案をまとめるために、よりいっそうの調査・研究が行なわれる必要がある。これまでの憲法学や刑法学の研究は手薄であり、十分な蓄積がない。第5章では、国際人権法の要請を再確認したうえで、ヘイト・クライムの基本的な類型を明らかにし、議論の手がかりとした。

人種差別撤廃条約第二条一項は「締約国は、人種差別を非難し、また、あらゆる形態の人種差別を撤廃する政策及びあらゆる人種間の理解を促進する政策をすべての適当な方法により遅滞なくとることを約束する」と定めており、日本政府はこの条約を批准している。

さらに、人種差別撤廃条約第四条本文は、「締約国は、一の人種の優越性若しくは一の皮膚の色若しくは種族的出身の人の集団の優越性の思想若しくは理論に基づくあらゆる宣伝及び団体又は人種的憎悪及び人種差別（形態のいかんを問わない。）を正当化し若しくは助長することを企てるあらゆる宣伝及び団体を非難し、また、このような差別のあらゆる扇動又は行為を根絶することを目的とする迅速かつ積極的な措置をとることを約束する。このため、締約国は、世界人権宣言に具現された原則及び次条に明示的に定める権利に十分な考慮を払って、特に次のことを行なう」と定めている。

ヘイト・クライムにもさまざまな行為があるが、ここでは今後の議論のために必要な限度で、四つの類型を整理しておこう。

①差別思想の流布・煽動——人種差別撤廃条約第四条（a）は、次のように定めている。「人種的優越又は憎悪に基づく思想のあらゆる流布、人種差別の煽動、いかなる人種若しくは皮膚の色若しくは種族的出身を異にする人の集団に対するものであるかを問わずすべての暴力行為又はその行為の扇動及び人種主義に基づく活動に対する資金援助を含むいかなる援助の提供も、法律で処罰すべき犯罪であることを宣言すること」。加えて、ジェノサイド条約や国際刑事裁判所規程は、「ジェノサイドの直接かつ公然の教唆」を独立の犯罪としている。これらは表現の自由の問題ではなく、犯罪である。

②人種差別的動機による暴力行為、人種差別発言を伴う暴力行為——これは右の第一に含まれるのだが、ここではあえて区別して見ておこう。人種差別的動機を持って他者に暴行を加えた場合、単なる暴行罪ではなく、「人種差別的動機による暴行罪」とするべきである。西欧諸国、北欧諸国にはこうした立法例がある。単なる表現行為ではなく、暴力を伴う表現行為は刑罰が加重される。

③民衆煽動罪（「アウシュヴィッツの嘘」罪）——ドイツ刑法に典型的だが、「アウシュヴィッツにガス室はなかった」といった歴史偽造主義発言を犯罪とするものである。「アウシュヴィッツにガス室はなかった」と単純に事実を否定するのが「単純なアウシュヴィッツの嘘」罪である。「アウシュヴィッツにガス室があるというのは、ユダヤ人がドイツ人を貶めるための陰謀だ」といった類の発言は「重大なアウシュヴィッツの嘘」罪となり、刑罰が加重される（楠本孝『刑法解釈の方法と実践』前掲）。

④人種差別団体規制——人種差別撤廃条約第四条（b）は、「人種差別を助長し及び扇動する団体及び組織的宣伝活動その他のすべての宣伝活動を違法であるとして禁止するものとし、このような団体又は活動への参加が法律で処罰すべき犯罪であることを認めること」と定めている。

日本政府は人種差別撤廃条約第四条（a）（b）を留保しているため、この条項を適用できない。日本政府は、人種差別行為を規制することは日本国憲法が保障する表現の自由に抵触するという異様な主張をしている。このためヘイト・クライムが野放しになっている。

二〇〇九年一二月二三日の大阪集会における参加者発言によると、生野区（大阪）において右翼団体が朝鮮人差別と迫害の発言を続けたのに対して、通行人が差別発言をやめるように指摘したところ、警察官が「表現の自由だ」と応えたという。

こういったことに対して、人種差別撤廃委員会や、ドゥドゥ・ディエン人種差別問題特別報告者は、日本政府が留保を撤回して、人種差別犯罪を取り締まるように勧告してきた。表現の自由と人種差別は別物である。「人種差別表現の自由」などというものは、日本政府の捏造に過ぎない。そこまでして人種差別に肩入れする理由がわからない。日本の市民団体や弁護士会なども人種差別禁止法の制定を視野に入れて調査・研究・提言を行なっている。

今後の検討課題

人種差別禁止法の必要性はＮＧＯの間で共有されるようになってきたが、ヘイト・クライム法に関しては、まだ十分な検討がなされていない。一般的な禁止規定にとどまっていたり、犯罪とされるべき実行行為の特定がなされていない。内野が紹介した諸案と最近の議論を比較しても、議論の水準が大きくあがったとはいえないのが実情である。理由は何であろうか。

日本政府は、表現の自由を根拠に人種差別表現の刑事規制の困難を主張してきた。明確性の原則など罪刑法定原則も強調されてきた。

しかし、立川テント村チラシ事件のように、チラシを郵便受けに入れただけで犯罪とされてしまうのが日本である。市民の表現の自由をあたかも敵視しているかのごとき日本政府、罪刑法定原則を省みようとしない日本政府が、人種差別表現の場面に限って表現の自由や罪刑法定原則を殊更に強調するのは理解に苦しむ。

欧米はもとより、多くの諸国でさまざまな形でヘイト・クライムや人種差別煽動の処罰が行なわれている。諸外国に表現の自由がないなどということは考えられない。罪刑法定原則が国際的に無視されているとも考えられない。

表現の自由を不当に侵害することなく、罪刑法定原則に反しない方法で、人種差別を刑事規制する方策はさまざまにあるはずだが、そのための情報も議論も十分に提供されていないように思われる。これまでの諸提案は専門的法律的検討を経ていないため、立法提案としてはなお不十分である。

立法事実があり、人種差別犯罪を処罰することは人種差別撤廃条約の要請である。世界人権宣言や自由権規約にも合致する。憲法に違反しない処罰規定をつくることもできる。とすれば、今後何を検討するべきなのか。

第一に、立法事実、現実的な規制の必要性（つまり放置しがたい差別的な表現によって被害が生じている事実）の研究である。特に、在日朝鮮人や最近の来日外国人に対する差別的な表現には深刻なものもある。歴史的にも社会的にも明らかであり、調査・研究もある。とはいえ、民間の調査・研究があるだけで、日本政府による調査・研究がなされていない。政府レベルできちんとした調査を行なう必要がある。

第二に、比較法研究である。諸外国の人種差別犯罪の諸規定の研究が不可欠である。各国の国内処罰立法及び適用状況の研究は非常に手薄である。個別の国家の法状況については、それぞれの比較法研究者による調査と分析が望まれる。同時に、人種差別撤廃委員会に提出された各国政府の報告書を通じて、かなりの程度の資料を入手できる。法規定のみならず、具体的な運用状況についても踏み込んだ検討が必要である。本書では英米法の一部の紹介を行なったが、より幅広い比較法研究が望まれる。特に重要なのは、差別表現を伴う暴力や差別的動機に基づく暴力の加重処罰規定の研究である。これらは多くの諸国で採用されているし、立法提案の中でももっとも抵抗が少ないと思われるからである。

第三に、ヘイト・クライム統計法の可能性も追求する必要がある。ヘイト・クライム禁止法の議論をするための前提となるデータを、いっそう明らかにするためにも、統計法の意義は大きい。

第四に、立法政策論として、処罰規定の妥当性、有効性についての検討である。というのも確信犯に対する処罰は、却って「勲章」になってしまう場合がある。犯罪抑止力がないばかりか、潜在的逆効果をもちかねない。それでも象徴的意味合いで差別禁止立法が必要との判断もありうるが、いずれにしても情報が少なすぎる。より制限的でない他の手段を尽くす検討も必要である。

憲法論は、なお議論の余地はあるかもしれない。結果として「人種差別表現の自由」を唱える憲法学の見直しが必要である。

特に集団侮辱罪について、言論・表現を処罰することは常に憲法違反であるかのような特異な主張があるが、明らかな間違いである。刑法は侮辱罪や名誉毀損罪を定めている。個人の名誉、社会的評価等を保護する個人法益保護のための規定である。集団侮辱罪の提案は、一定の集団に対する侮辱も刑事規制しようという提案に過ぎない。したがって、立法事実が明確に提示され、犯罪成立要件の規定が少なくとも現行の侮辱罪の規定と同じ程度に明確にできていれば、処罰立法を作ることが憲法違反になることはありえない。集団侮辱罪の規定が犯罪規定として整備されているかどうか、明確かどうかが問題になる。

もう一つの問題は、人種差別煽動助長の処罰規定の可否である。日本では国家公務員法における争議行為の禁止と争議行為のあおり罪の解釈をめぐる争いが続いた。日本政府、最高裁判所はあおり行為の処罰を正当化してきた。その意味では、人種差別煽動助長の処罰も同じレベルで正当化できることになるはずだ。

これに対して、刑法学者や弁護士の中にはあおり行為の処罰に対する批判が強い。あおり行為の処罰が表現の自由に抵触し、罪刑法定原則にも抵触するとの主張が長年にわたって唱えられてきた。「煽動」「あおり」という言葉だけを比較すると、煽動処罰にも疑問を提起するのが当然ということになるかもしれない。

しかし、あおり行為処罰の基本問題は、憲法上の基本権である労働者の権利に対する不当な弾圧という点にある。憲法にも国際人権法にも反する人種差別の煽動を、公務員法上のあおり処罰と同列に論じる理由がない。

第五に、日本社会の歴史的経験からして、警察・検察・裁判所にこうした権限を与えることに疑問も生じうる。警察権限の肥大化、恣意的適用の恐れがある。例えば、日本人と朝鮮人がトラブルとなりお互いに中傷発言や暴力を行なった場合、警察・検察・裁判所が不公正な判断をしないという保障はない。加害者と被害者を取り違えることがありうる。立法趣旨に反した法適用のおそれは決して低くはない。刑事司法の暴走を許さない枠組みをつくる必要がある。

第六に、以上のことを踏まえて、具体的な人種差別禁止規定を検討する必要がある。各規定について、保護法益、実行行為の特定、成立要件、訴追条件、刑罰などを的確に定める必要がある。

最後に、以上の研究は集団的継続的な共同作業として行なわれる必要がある。社会学、心理学、政治学、歴史学、憲法学、刑法学、民法学、行政法学、国際人権法学など多面的な研究が必要である。

第7章　ヘイト・スピーチ対策は国際的責務
――表現の自由を守るためにヘイト・スピーチ処罰を

二〇一三年春、異常なヘイト・スピーチが社会問題として浮上し、法規制の要否をめぐる議論が始まった。しかし、本書はしがきでも示したように、ヘイト・スピーチに関する初歩的知識すらないままに、的外れの議論が繰り返されている。議論の前提となるべき事実を確認する必要がある。本書では、「民主主義社会ではヘイト・スピーチを処罰するのが常識である」ことと、「表現の自由を守るためにヘイト・スピーチを処罰するべき」ことの二つに絞って、議論の素材を提供したい。

そのためにまず、二〇一〇年二月の人種差別撤廃委員会における議論を紹介し、その結果として出された委員会勧告を読み、そのうえで、ヘイト・スピーチに対処する国際的責務について考えることにする。

高校無償化問題

二〇一〇年二月二四日、ジュネーヴにあるパレ・ウィルソン（国連人権高等弁務官事務所）で、人種差別撤廃委員会が日本政府報告書審査を行なった。審査の中で、直前に明らかになったばかりの、高校無償化について朝鮮学校だけを対象外とする中井大臣発言について、懸念が表明された。

アレクセイ・アフトノモフ委員（ロシア）は次のように述べた。

「高校無償化問題で（中井）大臣が、朝鮮学校をはずすべきだと述べている。すべての子どもに教育を保障するべきである。朝鮮学校の現状はどうなっているのか。差別的改正がなされないことを望む。今朝、新聞のウェブサイトを見たところだ。」

また、ホセ・フランシスコ・カリザイ委員（グアテマラ）がこれに続いた。

「朝鮮学校に関して、もっとも著名な新聞の社説にも、高校無償化から朝鮮学校を排除するという大臣発言への批判が出ている。すべての子どもに平等に権利を保障するべきだ」

各紙もそろってこの事実を伝えた（二〇一〇年二月二五日付・朝日新聞、毎日新聞、読売新聞など）。

人種差別撤廃委員会第二回審査

人種差別撤廃委員会での日本政府報告書の第一回目審査は二〇〇一年であった（本書第2章五〇頁以下、及び第6章一三七頁以下参照）。それから九年、人種差別撤廃委員会は第二回日本政府報告書の審査を行なった。もっとも、二度目の報告書は二〇〇三年に提出しなければならなかったのに、日本政府報告書が出されたのは二〇〇八年一二月のことであり、このため第二回といっても、実際は第三回から第六回をまとめて行なうことになった。

今回も様々な論点が取り上げられ、委員会で数々の質問が出された。委員会に向けて、日本から「人種差別撤廃NGOネットワーク」が参加して、ロビー活動を展開し、日本における人種差別に関する情報提供を行なった。審査当日には直前のNGOブリーフィングも開催した。委員会は一八名であるが、そのうち一二名が参加した。ブリーフィング冒頭には、二〇〇九年一二月に起きた人種差別集団による京都朝鮮学校襲撃事件のDVD映像上映を行なった。被害者が撮影した映像である。委員からは「在特会は非合法団体か」との質問があり、「日本では合法団体とされている」との答えに、どの委員も驚いていた。まずは在日朝鮮人に関連する質疑応答を見ていこう。

在日朝鮮人の人権

日本政府報告書担当のパトリック・ソンベリ委員（イギリス）が、冒頭に次のような指摘をした。

「朝鮮人については、前回の審査でも話題になった。帰化の際の氏名変更や、定住者とか永住者というカテゴリーもある。一九五二年、外国人登録法によって、五〇万の外国人が一夜にして生まれた。これはいったいどういうことか。日本国民とも、他の外国人とも違う存在がつくられた。政治的権利は区別する必要もあるかもしれないが、人権という観点ではできるだけ幅広い枠組みで認めるべきである。特別永住者には帰化を望んでいない人がたくさんいるが、なぜなのか不思議である。名前を変更しなければならないからか。同化の問題があるのか。エスニック・マイノリティの権利に注意が向けられていない。エスニック・マイノリティの権利を保障すれば多くが日本人になるのではないか。在日朝鮮人について、公教育の教育課程の中で、マイノリティの教育をどうしているのか。歴史では、さまざまな民族が日本建設に貢献したことを教えているか。すべての子どもに歴史、文化、言語を保障しているか。朝鮮学校は不利な状況に置かれている。税制上の扱いも不利になっている。」

続いて、レジス・デ・グート委員（フランス）である。

「アイヌを先住民族と認めたことは分かったが、他のマイノリティはどうか。二〇〇八年の国連人権理事会の普遍的定期審査でもとりあげられた問題だ。人権理事会のディエン人種差別問題特別報告者も日本に勧告した。国内マイノリティ、旧植民地出身者、その他の外国人のそれぞれについて情報が必要だ。人種差別撤廃条約四条について進捗がない。四条(a)、(b)を留保したままである。表現の自由が強調されているが、二〇〇一年勧告でも触れたように、四条は不可欠であり、人種差別の禁止と表現の自由は両立する。朝鮮学校生徒への嫌がらせが続いている。」

他方、ファン・ヨンガン委員（中国）はこう指摘した。

「旧植民地出身者であるが、第二次大戦が終わって、歴史的状況から定住していた者が、一九五二年に外国人とされ五〇年以上たって、二世、三世がいるが、日本社会への統合が成功していない。高齢者には民族的優越感を持つ人がいて、平等な扱いがなされず差別的扱いである。日本において大きな貢献をした人は、日本人と同じように権利を享受しなければならない。」

イオン・ディアコヌ委員（ルーマニア）も続いた。

「朝鮮人は一九五二年に外国人とされたが、日本に居住している。彼らは失った国籍を回復することができるのか。取得したいと求めているのか、いないのか。朝鮮学校はどうなっているのか。他の学校と同等になってきたというが、全体はどうなのか。大学受験資格を認めないことは、ペナルティを課していることになるのではないか。朝鮮学校生徒に対する嫌がらせや攻撃について、処罰しているのか。朝鮮学校はよりよく保護するべきである。最近、日本と朝鮮政府の関係が悪化しているが、それを理由に朝鮮学校に影響を及ぼしているのではないか。国際関係が日常生活に影響を与えてはならない。まして子どもに影響を与えるべきではない。朝鮮学校だけ免税措置を講じていないのは差別ではないのか。」

また、カリザイ委員が最後に再質問した。

「年金問題のギャップも重要である。朝鮮人高齢者、及び朝鮮人障害者が年金の対象になっていない。法律のギャップである。一部の人たちはその大きさに気づかないかもしれないが、気づく人たちもいる。ギャップを埋める努力が必要だ。」

日本政府の応答

二〇一〇年二月二五日、日本政府は委員からの質問に回答した。まず、高校無償化問題である。

「高校無償化法案について、朝鮮学校を除外する旨の（中井）大臣発言が報道されているとの指摘があった。高校無償化法案は、本年一月に閣議決定がなされ、今国会に提出されたものである。指摘のあった記事の内容は承知

しているが、法案では高等学校の課程に類するものを文部科学省できめるとしている。」（外務省人権人道課長）

このほかの問題については次のような回答であった。

「経済的支援、税制上の措置について、外国人学校間の差別があるとの指摘があった。学校教育法一三四条にもとづく各種学校として都道府県知事の認可を得ている外国人学校には、地方自治体からの助成があり、税制優遇もなされている。認可を受けている学校は一定の要件を満たせば、消費税が非課税となり、授業料も非課税である。対象外の学校（朝鮮学校）への差別とは考えていない。」（文部科学省）

「在日朝鮮人への嫌がらせについて指摘があった。嫌がらせについては、人権擁護機関において、啓発活動、『人権を尊重しよう』という年間を通しての啓発活動を行なっている。人権相談所では、人権相談に応じて、事案を認知した場合は速やかに調査し、適切な措置をとっている。北朝鮮の核実験を契機に、嫌がらせが懸念される場合、啓発、相談、情報収集、侵犯事件など、迅速に調査し、人権擁護の取り組みを強化するよう指導している。最近では二〇〇九年四月、飛翔体発射の後に、このような指導を行なっている。」（法務省人権擁護局）

「朝鮮人の子どもが独自の文化について学ぶ機会が担保されている。朝鮮学校は各種学校として認可されており、寄付金にかかる取り扱いを除き、非課税とされている。朝鮮学校の多くについては各種学校として認可され、補助金を受けている。二〇〇三年九月、大学受験資格の弾力化を行ない、高校修了者については外国政府により位置づけられている場合、あるいは国際的評価団体の認定を受けた学校修了者、および個別の入学資格審査をすることができると追加した。従って、すでに広く認められている。」（外務省人権人道課長）

日本政府の回答は従来と同じ弁解をしているだけで、まともな回答とはいえない。人権擁護とは無縁の姿勢である。

朝鮮学校差別に勧告

人種差別撤廃委員会は、二〇一〇年三月一六日に最終所見（勧告）を公表した。審査において複数の委員から指摘のあった朝鮮高級学校の高校無償化排除問題や、その他の朝鮮学校差別に関して、いくつかの指摘がなされた。

「13．日本政府による説明には留意するが、委員会は、条約第四条(a)、(b)の留保に関心を有する。委員会は、朝鮮学校に通う子どもなどの集団に対するあからさまな、粗野な言動の事件が続いていることや、特に部落民に対してインターネットを通じて有害な人種主義的表現・攻撃にも関心を有する。／委員会は、人種的優越性や憎悪に基づく思想の流布を禁止することは、意見・表現の自由と合致するという委員会の見解を強調する。そしてこの点で、日本政府に条約第四条(a)、(b)の留保を維持する必要について検討し、留保の範囲を限定し、むしろ留保を撤回するよう促す。委員会は、表現の自由の行使は、特別な任務と責任、とりわけ人種主義思想を流布させない義務に対応するものであることを想起し、日本政府に対して、委員会の一般的勧告第七（一九八五年）と第一五（一九九三年）を考慮に入れるよう再び呼びかける。これらの勧告は、第四条は自力執行力がないとしても、命令的性格を有するとしている。委員会は日本政府に次のように勧告する。

(a)第四条のもとで差別を禁止する規定に十分な効力を持たせる立法がないことを改正すること。

(b)関連する憲法、民法、刑法規定が、憎悪や人種主義的現象に対処する追加措置を通じるなど、とりわけ、それらの捜査および関与者の処罰の努力を強化することにより、効果的に実施すること。

(c)人種主義思想の流布に対して敏感になり、自覚するキャンペーンを行ない、インターネット上のヘイト・スピーチや人種主義的宣伝など人種的に動機付けられた犯罪を予防すること。」

条約第四条(a)、(b)は、人種主義思想の流布や人種差別の煽動を犯罪として処罰する法律、人種差別助長煽動団体を禁止する法律（ヘイト・スピーチ法）を制定することを求めている。日本政府は条約を批准した際に、条約第四条(a)、(b)の適用を留保している。

「22．委員会は、日本政府が、バイリンガル指導員や入学案内など、少数者集団の教育を促進する努力を行なったことを評価するが、教育制度において人種主義を克服する具体的な計画の実施に関する情報が欠如していることは残念である。さらに、委員会は、次のような、子どもの教育に差別的影響を与える行為に関心を表明する。

(a)アイヌの子どもやその他の国籍の子どもが自己の言語で教育を受ける適切な機会がないこと。

(b)条約第五条、子どもの権利条約第二八条、社会権規約第一三条二項など、日本が批准した条約にしたがって、日本にいる外国人の子どもに義務教育制度が完全に適用されていないこと。

(c)学校認可、同等の教育課程および高等教育への進学に関して障害があること。

(d)日本に居住する外国人、朝鮮人、中国人のための学校について、公的援助、助成金、免税についての異なる処遇。

(e)公立・私立高校、専門学校、高校教育課程と類似する様々な教育機関について高校教育無償化のために日本で現在提案されている立法提案から朝鮮学校を除外するという政治家発言。

委員会は、市民以外の者に対する差別に関する一般的勧告第三〇（二〇〇四年）に照らして、日本が、教育機会に関する諸規定に差別がないようにすること、日本の管轄に居住する子どもが、就学や義務教育に関して障害に直面しないようにするよう勧告する。この点でさらに、多数の外国人学校制度や、代替的な制度の選択に関する研究が、日本政府によって採用されている公立学校以外にも行なわれるよう勧告する。委員会は、日本政府に、少数者集団に自己の言語で教育を受ける適切な機会を提供するよう検討することを促し、ユネスコ教育差別禁止条約に加わるよう呼びかける。」

勧告の概要

委員会勧告は三五項目に及ぶ長さであり、全部を紹介しきれない。主要な項目の内容を列挙しておこう。

・日本政府は人種差別禁止法は必要ないと主張しているが、それでは差別された個人や集団が補償を受けることができない。

・国内人権委員会を設置する人権擁護法が廃案になったのは残念である。

・日本には包括的で効果のある救済機関がない。

・朝鮮学校に通う生徒らに対する有害な、人種主義的表現などに関心を有する。

・インターネットにおける部落民攻撃に関心を有する。

・日本政府は人種差別撤廃条約第四条(a)、(b)の留保を再検討するよう、留保の範囲を限定するか、留保を撤回するよう促す。

・人種主義思想の流布に対して敏感になり、意識を高めるキャンペーンをするべきである。

・インターネット上のヘイトスピーチや人種主義宣伝などの犯罪を予防するべきである。

・公務員による差別発言がなされているのに、これに対する措置が何ら取られていない。

・公務員、法執行官、一般公衆に、人種差別に関する人権教育をするよう勧告する。

・部落差別を取り扱う担当官庁がないので、部落問題を扱う機関を設置するべきである。

・アイヌ対策についてアイヌの代表が十分選出されていない。

・アイヌ民族の権利についての国家調査がなされていない。

・前進があるといっても国連先住民族権利宣言には遠く及ばない。
・沖縄の人々が被っている差別にも関心を有する。
・公的援助や免税措置について朝鮮学校などへの差異的処遇など教育に差別的影響がある。
・公衆浴場その他、人種や国籍を理由としたアクセスの権利の拒否が見られる。

人種差別禁止法の勧告

人種差別禁止法の制定は、二〇〇一年勧告においてすでに明確に指摘されていたが、今回も同様の指摘がなされた。委員会はまず次のように述べている。

「7．委員会は、前回の最終所見（二〇〇一年）の実施のための具体的措置に関する情報が、日本政府から十分提供されなかったことに留意し、勧告の実施も条約全体の実施も非常に制約されていることは残念である。／日本政府は、委員会によってなされたすべての勧告と決定に合致するよう、国内法規定が条約の効果的実施を助長するのに必要な措置を採るよう促されている。」

「9．委員会は、国内の差別禁止法は必要ないという日本政府の見解に留意し、その結果として個人及び団体が差別について法的救済を求めることができないことに関心を有する。／委員会は前回の最終所見（二〇〇一年）の勧告を強調し、日本政府に対して、条約第一条にしたがって、条約によって保護されたすべての権利を含んだ、直接及び間接の人種差別を違法化する特別立法を制定することを検討するように促す。また、日本政府に、人種差別の告発を取り扱う法執行機関に、差別の実行者を取り扱い、被害者を保護するために適切な専門家・当局を置くことも促す。」

その上で、委員会は先に紹介した勧告13を明示している。さらに、勧告14では、条約第四条(C)にしたがって、公務員などによる差別発言にきちんと対処するように求めている。人種差別禁止法、とりわけヘイト・クライム法の制定については何度も述べてきたが、最低限のことは確認しておきたい。

第一に、ヘイト・クライムの現状認識である。日本政府は、日本にはそのような犯罪がないから法規制も必要ないと繰り返してきた。しかし、日本政府はヘイト・クライムの調査を行なっていない。行なうつもりもないという。調査もせずに「ない」と断言してきた。そして、チマ・チョゴリ事件や、在特会のようなヘイト・クライムには目を閉ざす。委員会で法務省人権擁護局がさまざまな弁解をしていたが、過去十数年にわたるチマ・チョゴリ事件の被害者からの聞き取りさえ行なっていない。

第二に、表現の自由との関係である。二〇〇一年には、日本政府は「人種差別表現も表現の自由である」かのごとく述べて、委員会の顰蹙を買った。今回はさすがにそこまではなかったが、「人種差別の刑事規制は表現の自由に反する」と、相変わらずの主張を続けた。委員会は「人種差別の規制と表現の自由は矛盾しない、それどころか、表現の自由を守るためにこそ人種差別の刑事規制が必要だ」と指摘している。

第三に、罪刑法定原則との関係である。確かに、新たな刑事立法に際しては、罪刑法定原則に反しないことは必須の条件である。法律に適正に規定された明確な犯罪概念、適正に規定された刑罰でなければならない。しかし、日本政府は「人種差別の刑事規制が罪刑法定原則に反する」と一般的に述べている。世界では多数の諸国がヘイト・スピーチ法を有している。アメリカ合州国もマシュー・シェパード・ヘイト・クライム法を制定し、過半数の州も暴力を伴う事案についてのヘイト・クライム法を有している。これら諸国の法律はみな罪刑法定原則に反しているのだろうか。そのようなことがありうるだろうか。

第四に、日本政府は、ヘイト・スピーチ法が表現の自由や罪刑法定原則に抵触すると述べながら、ヘイト・スピーチ法だけではなく、あらゆる人種差別禁止法の制定を拒否している。ヘイト・クライム法は、一定の人種差別言動を犯罪化したり、刑罰を加重する刑事法である。他方、人種差別禁止法は刑事法だけではない。憲法、民法、行政法、労働法など多方面の法分野における各種の規制法であり、そこにヘイト・クライム法、ヘイト・スピーチ法も含まれる。仮にヘイト・クライム法についての日本政府の懸念に根拠があったとしても、それを理由に包括的な人種差別禁止法を拒否するのは不当である。少なくとも、ヘイト・クライム法、ヘイト・スピーチ法を除いた人種差別禁止法は速やかに制定できたはずであるし、今からでも制定するべきである。

なお、高校無償化からの朝鮮学校除外問題のその後の経緯だけ確認しておこう。二〇一〇年三月の人種差別撤廃委員会勧告は、日本の差別政策を批判した。続いて、同年五月の子どもの権利委員会も、日本政府による朝鮮学校差別を批判した。しかし、民主党政権は差別政策を改めようとせず、事態を放置した。続く安倍晋三・自民党政権は、二〇一三年二月、朝鮮学校差別を固定化するために、わざわざ法の施行規則を改めて、朝鮮学校の無償化申請手続きを不可能にしてしまった。特定の学校を差別することだけを目的にして、わざわざ法改正をするという暴挙である。日本政府は差別の模範演技をすることによって、日本社会に「差別のライセンス」を発行し続けている。社会におけるヘイト・スピーチを容認・推奨しているのは、日本政府である。

ヘイト・スピーチ対策勧告

国際社会から日本に対する勧告は実に多い。

第一に、人種差別撤廃委員会は、二〇〇一年と二〇一〇年の二度にわたって、日本政府に対して、人種差別禁止法の制定と、ヘイト・クライム法の制定を勧告した。ヘイト・クライムには、ヘイト・スピーチも含まれる。

第二に、国連人権理事会のドゥドゥ・ディエン人種差別問題特別報告者も、二〇〇六年、日本政府に対して、人種差別禁止法の制定を勧告した（本書第6章一四二頁）。

第三に、国連人権理事会は、二〇〇八年五月に、日本政府に関する普遍的定期審査において、人種差別禁止法の制定と、インターネット上の人権侵害への対処を求めた（本書一四三頁）。人権理事会は、二〇一二年一一月二日、二度目の普遍的定期審査において、ヘイト・スピーチに対する法的措置を含む人種差別禁止の国内法整備および、年齢、宗教、性的指向、国籍その他に基づく直接的・間接的差別の禁止を求めて、次のような勧告を行なった。

「直接及び間接人種差別を違法とする特別立法を採択せよとの人種差別撤廃委員会の勧告を履行し、管轄国内裁判所によって効果的な保護と補償にアクセスできるようにせよ（南アフリカ）」

「差別に関する国内法を人種差別撤廃条約に含まれた定義に合致させ、年齢、性別、宗教及び性的志向に基づくすべての形態の直接及び間接差別に対処せよ（スイス）」

「人種主義と排外主義的発言を直接に禁止する立法レベルの措置を採用し、適切な国内裁判所における効果的保護と法的援助の措置へのアクセスを保障せよ（ウズベキスタン）」

「民族的マイノリティの子ども、日本国籍を持たない者及び障害を持った子どもに対する差別を撤廃する法的措置を講じよ（イラン）」

「言語、ジェンダー、人種、宗教又は国籍に基づく差別を含むすべての形態の直接又は間接差別を禁止し続けよ（パレスチナ）」

「社会的地位、ジェンダー、性的志向を含む包括的な諸理由に基づく差別規定を廃止する見地で国内法を見直せ（チェコ）」

「人種差別撤廃条約に沿って国内法における差別を定義し、年齢、ジェンダー、宗教、性的志向、民族、又は国籍に基づくものを含む、すべての形態の直接及び間接差別を禁止せよ（ノルウェー）」

「朝鮮人に対するすべての形態の差別を廃止する措置を講じよ（朝鮮民主主義人民共和国）」

第四に、社会権規約委員会（経済的社会的文化的権利に関する国際規約に基づいて設置された委員会）は、二〇一三年五月二一日、日本政府報告書審査の結果として、「慰安婦」（日本軍性奴隷被害者）に対するヘイト・スピーチに対処するように勧告した。

「26.委員会は、『慰安婦』が受けてきた搾取により、彼女たちによる経済的、社会的および文化的権利の享受ならびに彼女たちの賠償請求権に対する悪影響が永続していることを懸念する。委員会は、搾取の永続的影響に対応し、かつ『慰安婦』による経済的、社会的および文化的権利の享受を保障するため、締約国があらゆる必要な措置をとるよう勧告する。委員会はまた、『慰安婦』にスティグマを付与するヘイト・スピーチその他の示威行動を防止するため、締約国が『慰安婦』の搾取について公衆を教育するよう勧告する。」

民主主義社会のヘイト・スピーチ対策

以上の通り、日本政府に対して国際社会からヘイト・スピーチ対策の必要性が何度も繰り返し勧告されてきた。人種差別禁止法の制定、ヘイト・クライム法の制定、そしてヘイト・クライムとしてのヘイト・スピーチの規制である。それにもかかわらず、日本政府はこれらの勧告をことごとく無視し、拒否し続けている。国際法を順守する姿勢がない。それどころか、安部晋三政権は「委員会勧告に従う必要はない」と閣議決定して、発表した。「無法者宣言」としか言いようがない。

日本政府の無責任な態度を背後で支えているのが、一部の憲法学者や弁護士である。法律家が「民主主義社会では表現の自由を尊重するのでヘイト・スピーチを処罰することはできない」という、およそ根拠のない珍説を主張してきたからである。いったい「民主主義社会」とはどこのことなのだろうか。事実に即して検討してみよう。

本書はしがき（増補新版はしがき）において示した通り、イギリス、フランス、ドイツ、オランダ、イタリア、スイス、オーストリア、スペイン、ベルギー、デンマーク、ノルウェー、スウェーデン、モルドヴァ、スロヴァキア、カナダ、ポルトガル、ウクライナなど欧州諸国ではヘイト・スピーチを処罰している。

これまでに筆者は、人種差別撤廃条約に基づいて各国政府が人種差別撤廃員会に提出した報告書をもとに、六〇ケ国の法状況を紹介してきた（前田朗「ヘイト・クライム法研究の現在」村井敏邦先生古稀祝賀論文集『人権の刑事法学』日本評論社、二〇一一年、同「ヘイト・クライム法研究の射程」『龍谷大学矯正・保護総合センター研究年報』第二号、二〇一二年など参照）。そのうち三〇を超える諸国にヘイト・スピーチ規制法がある。特に欧州諸国について言えば、これまで調べた欧州諸国で、何らかのヘイト・スピーチ規制法を持っていない例は一つもない。筆者はこれに関する論文を既に一〇本程公表しているが、その結果として、ほとんどの欧州諸国には人種差別禁止法、ヘイト・クライム禁止法、そしてヘイト・クライムとしてのヘイト・スピーチ禁止法があると断言できる。

他方、国連人権高等弁務官事務所が主催して、二〇〇八年から二〇一一年にかけて、世界のヘイト・スピーチ法状況を調査・研究するための専門家ワークショップが開催された。その調査報告書が人権高等弁務官事務所のウェブサイトに掲載されている。これを見ると、やはり「欧州諸国のほとんどすべてにヘイト・スピーチ禁止法がある」と明言されている。

こうした事実にもかかわらず、日本の憲法学者は「民主主義社会では表現の自由を尊重するのでヘイト・スピーチを処罰することはできない」と述べてきた。ジャーナリストも市民も、この言葉を真に受けてきた。

なるほど、アメリカ合州国では表現の自由を最大限尊重するという理由から、ヘイト・スピーチ規制について高いハードルが設けられているため、ヘイト・スピーチ禁止法が存在しない（ただし、ジェノサイド煽動禁止規定はある）。世界有数の差別大国、同時に戦争国家であり、国内外で長期にわたって国家権力が組織的に盗聴や拷問など違法活動に励んできたアメリカ合州国だけが「民主主義社会」なのだろうか。

ヘイト・スピーチ処罰実例

ヘイト・スピーチ処罰は欧州の常識である。アフリカ、アジア、アメリカ州にもヘイト・スピーチ法が多数存在する。国際自由権規約にも、人種差別撤廃条約にも、人種差別の煽動（ヘイト・スピーチ）を処罰すると書いてあるのだから、当然である（本書第4章参照）。日本では、こうした当たり前のことを無視するので、まともな議論が成立しない。立法例だけではない。実際に多数の処罰例があるので、いくつか紹介しておこう。

（1）アイスランド——二〇〇二年四月二四日、最高裁判決は、週末新聞インタヴューで、不特定の集団に対して、あざけり、中傷、屈辱を加えた被告人について、有罪を確定させる判決を言い渡した。判決は、新聞における被告人の表現は根拠のない一般化であり、人種的優越の妥当な根拠が見出せないとし、被告人の発言は、他の皮膚の色の人を貶めて白人の優位を図るものだったと判断した。

（2）オランダ——二〇〇二年二月二二日、レルモンド地裁判決は、民族的マイノリティ集団に向かって「外国人は出て行け」「ホワイト・パワー」「汚い外国人、汚いトルコ人」などと叫んだ男性を、社会奉仕命令と、一ヶ月間の刑事施設収容（執行猶予付）とした。二〇〇二年六月一一日、ドルトレヒト地裁判決は、新国民党のウェブサイトが、モロッコ出身者を危険視し、犯罪者扱いし、アパルトヘイトの必要性を唱えたことについて、新国民党議長に刑法一三七条d（差別の煽動）で有罪とし、高齢で健康状態が悪いことから、罰金六六〇ユーロを言い渡した。二〇〇三年九月一一日、アムステルダム控訴審判決は、公開集会でムスリム、ユダヤ人、スリナム人、アンティル諸島人を侮辱する発言をした極右政党のオランダ民族同盟議長に四ヶ月の刑事施設収容（執行猶予二ヶ月）を言い渡した。二〇〇六年一一月六日、ブレダ地裁は、皮膚の黒い女性に向かって「ホワイト・パワーは永遠よ、いまこそホワイト・パワーよ」と叫んだ若い女性に、罰金五〇〇ユーロを言い渡した。

（3）ウクライナ――二〇〇八年、オデッサで発行されている『われらの任務』に「最良のユダヤ人を殺せ」という記事を掲載した編集者ヴォリン・ダニロフは、二〇〇九年一月、オデッサのプリモルスク控訴審で、刑法第一六一条二項違反として、一八ヶ月の自由剥奪となった。二〇〇八年、オデッサ政党コミュニティの主張として反セミティズムのリーフレットを配布したウクライナ市民が特定され、刑法第一六一条違反の刑事手続きがとられた。二〇〇八年三月、キロヴォラド地区では過激な集団が人種主義リーフレットを配布し、一四名の関与が確認された。捜査当局の警告によりこの集団は解散した。

（4）イタリア――二〇〇九年一〇月二六日、ヴェニス司法裁判所は、略式手続で、トレヴィソ副市長のジャンカルロ・ジェンティリニを人種的憎悪で有罪とし、四〇〇〇ユーロの罰金、及び三年間の公共集会参加禁止を言い渡した。ジェンティリニは、二〇〇八年、ヴェニスで開かれた北部同盟党の集会で移住者に対する侮辱的言葉を侮辱的調子で用いた。

二〇〇九年七月、破棄院は、ヴェローナ市長のフラヴィオ・トシに対する二ヶ月の刑事施設収容（プロベーション付き）とする有罪判決を支持した。トシは、二〇〇一年、議員だった時期に、ヴェローナでジプシー・キャンプを移転させる署名運動をおこした。北部同盟党は、七人のシンティ市民およびノマドのための全国行動という団体から裁判をおこされた。二〇〇四年一二月、ヴェローナ司法裁判所は、人種主義的思考の促進と、差別行為の煽動により六ケ月の刑事施設収容とした。しかし、二〇〇七年一月、ヴェニス控訴裁判所は、人種憎悪の煽動の訴因は認められないとして、二ケ月の刑事施設収容とした。次いで、二〇〇八年一〇月、ヴェニス控訴裁判所は、人種主義的思考のプロパガンダがあったとして有罪とし、二〇〇九年七月、破棄院がこれを認めた。

以上のように欧州各国では、人種差別や差別煽動と闘うために、さまざまの法的措置を用いて、事案を解決している。

最後に最新ニュースを見ておこう。二〇一三年七月二日、「欧州連合（EU）欧州議会は、フランスでイスラム系移民らに対するヘイト・スピーチ（憎悪発言）が問題とされている極右政党『国民戦線』のマリーヌ・ルペン党首の不逮捕などの免責特権をはく奪することを決めた」、「ルペン氏は二〇一〇年に、イスラム教徒が路上で祈りをささげることを『軍事力によらない占領』と表現。『宗教上の理由で特定集団への憎悪などを扇動した罪』に当たるとしてフランスの司法当局から事情聴取に応じるよう求められていたが、応じていなかった」（『共同通信』二〇一三年七月三日）。

ルペンは欧州議会議員であるため不逮捕特権を有しているが、欧州議会が特権を剥奪したので、フランス司法が作動することになり、訴追される可能性が高い。これが民主主義社会の当たり前の姿である。

表現の自由を守るために

一部の憲法学者や弁護士、ジャーナリストは「表現の自由を守るためにヘイト・スピーチを処罰できない」という奇怪な主張をする。「朝鮮人を殺せ」という罵声や叫びを放置・容認することで、いったい誰の、どのような表現の自由が守られると言うのだろうか。意味不明と言うしかない。著名な憲法学者がマスメディアに登場して「表現の自由を守るためにヘイト・スピーチを処罰できない」と発言することは、ヘイト・スピーチを容認するにとどまらず、推奨しているに等しい。

諸外国政府に対する盗聴事件が発覚しても、開き直って盗聴を自慢するアメリカ合州国と違って、欧州諸国では表現の自由を大切にする。表現の自由を大切にするということは何を意味するのか。なぜ表現の自由が大切なのかにさかのぼって考える必要がある。日本国憲法が保障する数々の自由と権利は、それがいったん侵害されると取り返しがつかない者が少なくない。「生命、自由及び幸福追求に対する権利」（憲法第一三条）は、最大の尊重を払われなければならない。とりわけ、表現の自由や思想信条の自由は、慎重に取り扱わなければならない。表現の自由は、「①個人の人格の形成と展開（個人の自己実現）にとって、また、②立憲民主制の維持・運営（国民の自己統治）にとって、不可欠であって、この不可欠性の故に『表現の自由の優越的地位』が帰結する」と説明される（佐藤幸治『日本国憲法論』成文堂、二〇一一年、二四九頁）。

前者の①個人の人格の形成と展開（個人の自己実現）については、「一人ひとりの人間が人格的自律の存在として最大限尊重されなければならないということである。この『個人の尊重』は、『個人の尊厳』、さらには『人格の尊厳』の原理と呼ぶこともできる。次の一四条は『人格の平等』の原理を規定しており、一三条と一四条と相まって、日本国憲法が『人格』原理を基礎とすることを明らかにするものである」と説明される（佐藤『日本国憲法論』一七三～一七四頁）。

そうであれば、第一に「朝鮮人を叩き殺せ」と公道上で叫ぶことは、いったい誰の、どのような人格権にとって積極的意義を有するのか。そのような「表現の自由」を放任する政府が、いったい誰の、どのような人格権を保障したことになるのか、明らかにする必要があろう。第二に「朝鮮人を叩き殺せ」と叫ぶ「表現の自由」が認められた場合、名宛人とされた朝鮮人の人格権はいったいどのように扱われたことになるのか。第三に、憲法第一三条及び第一四条が日本国憲法の「人格」原理を成すというのに、人格権に基づくはずの「表現の自由」が他者の人格権の否定を含むと理解することは、憲法原理に反するのではないだろうか。

後者の②立憲民主制の維持・運営（国民の自己統治）はどうだろうか。立憲民主制、国民の自己統治については明確な説明がないが、民主主義と立憲主義が基本原理とされるであろう。近代立憲主義であろうと現代立憲主義であろうと、表現の自由が民主的統治に不可欠であることは言うまでもない。

そうであれば、第一に「朝鮮人を叩き殺せ」と公道上で叫ぶことが、いかなる民主主義の実現にとって必要なのであろうか。第二に「朝鮮人を叩き殺せ」と叫ぶことを「表現の自由」として保障することによって、いかなる民主主義が実現されるのだろうか。第三に「朝鮮人を叩き殺せ」と叫ぶことを「表現の自由」とし、その刑事規制を否定することによって、いかなる民主主義を体現することができるのであろうか。

議論の出発点は、表現の自由は壊れやすく大切なものであるから、出来る限り尊重しなければならないという考え方である。この立場に立つならば、人格権を破壊し、民主主義を根こそぎ台無しにしてしまうヘイト・スピーチを処罰することこそが求められる。表現の自由の保障とヘイト・スピーチの処罰は両立する。それゆえ、表現の自由を守るためにヘイト・スピーチを処罰するべきである。

旧版 あとがき

本書は、日本における人種主義と人種差別の現状を踏まえ、人種差別禁止法の制定が必要であること、とりわけ人種主義に基づいて憎悪を煽るヘイト・クライム（憎悪犯罪）の法規制が不可欠であることを明らかにしている。ヘイト・クライムは社会を壊すからだ。

刑法が一定の行為を犯罪と定義して禁止し、違反者に対して刑罰をもって対処するのは、被害者の権利を保護するためである。人を殺すと殺人罪になるのは、人の生命を尊重・保護しなければならないからだ。ヘイト・クライムの場合は、人種差別に晒されている集団の権利を尊重・保護しなければならない。

しかし、同時に、ヘイト・クライムは、人種差別してしまうかもしれない集団の権利を自ら破壊する犯罪でもある。人種主義や人種差別にのめりこみ、自分を見失って憎悪に突き動かされ、他人を排除したり、差別したり、侮辱したり、暴力を振るう人間の「醜さ」は説明するまでもないだろう。健全な社会であるためには自己規律が求められる。その社会がヘイト・クライムをなくすためにどのような努力をしているのかが問われる。

人種主義や人種差別の歴史的淵源をどう見るかについては、ダーバン宣言・行動計画のところで触れた以外は、本書では立ち入っていない。しかし、戦争や植民地主義と植民地支配が、近代世界に特有の人種主義と人種差別をもたらしたことはよく指摘されるとおりである。もっと一般化して、他者との何らかの差異に基づいて差別が生じるとも言えるかもしれないが、差異がつねに差別を生み出すわけではない。差異があると言って差別するだけではなく、差異がないと言って差別することもある。何らかの差異に格別に着目して差別を生み出し、固定化させる社会的メカニズムがなければ、近代世界の差別には立ち至らないだろう。

日本における人種主義と人種差別も、近代日本の戦争と植民地支配に由来すると言ってよいだろう。「脱亜入欧」が、今日も社会の底流に流れている。外においては、アジア諸国への侵略と略奪と蔑視が吹き荒れた。いまなおアジア蔑視を克服しえていない。内においては、朝鮮人や中国人への差別であり、行き着いた先は関東大震災朝鮮人虐殺であった。戦後においても、朝鮮人・中国人差別はさまざまに形を変えながら再生産されている。

現代日本における人種差別の第一の特徴は、差別を自覚していないことにあるだろう。日本国憲法が差別を禁止しているように、日本社会は差別はよくないと十分わかっている。差別はよくない。私は差別をしない。誰もが差別に反対している、はずである。ところが現実には差別はなくならない。

第二の特徴は、差別—被差別関係が一方向的に構造づけられていることである。一億二千万人を超える日本社会に、わずか一%余の外国人が居住しているに過ぎない。圧倒的な多数者と少数者の関係になる。そこでは少数者は構造的に差別にさらされているにもかかわらず、多数者のほとんどは、自分は差別していない、差別問題は自分とは関係ないと思っている。差別される少数者の悲鳴はなかなか伝わらない。

第三の、しかも極めて重要な特徴は、日本政府が率先して差別を続けてきたことである。外国人登録法をはじめとする外国人差別は日本政府の一貫した政策であった。朝鮮学校差別のためなら何でもするのが文部省・文科省であった。公安警察による朝鮮人弾圧は、法治国家の外形さえかなぐり捨てている。差別に狂奔してきたとしか表現しようがない。それゆえ、政府が社会に対して、朝鮮人は差別してもいいんだというメッセージを発してきた。「従軍慰安婦」問題について、二〇〇七年に、安倍晋三首相（当時）が「官憲が家屋に立ち入って奴隷狩りのように拉致した強制連行はなかった」と言って、日本の責任を否定して見せたのは、典型例である。安倍首相は「朝鮮人を路上で誘拐しても構わない」と公然と主張したのだ。これほどあからさまで根深い差別が、日本では堂々とまかり通る。

ヘイト・クライムは日本を壊す。壊れた人間が首相になってしまう。圧倒的多数者である日本人が、いかに醜い存在であるかを世界に露呈する。尊厳、権利、正義、信頼、連帯といった言葉の価値を剥奪してしまう。だからヘイト・クライム規制法が必要なのだ。

＊　＊

本書は、在日朝鮮人・人権セミナー（実行委員長・床井茂・弁護士、事務局長・筆者）の活動の中で形作られた。一九八八年一二月、世界人権宣言四〇周年を記念した集会を開催した。そこに集まった市民や法律家が翌年に立ち上げたのが、在日朝鮮人・人権セミナーである。その活動を通じて、床井茂編『いま在日朝鮮人の人権は』（日本評論社）、人権セミナー編『在日朝鮮人と日本社会』（明石書店）を出版してきた。人権侵害事件が発生したり、外国人に関連する法改正が浮上するたびに、連絡を取り合って取組みを進めている。本書の中心となる文章も人権セミナーの活動の所産である。人権セミナーでともに活動してきた、床井茂、空野佳弘、武村二三夫、古川健三、廣瀬理夫（いずれも弁護士）に感謝したい。

在日本朝鮮人人権協会には、つねに多大のご教示をいただき、啓発されてきた。人権協会は、在日朝鮮人自身の手による人権活動団体であり、多彩な生活問題の相談態勢を作った同胞法律・生活センターとともに、在日朝鮮人の暮らしと権利を擁護し、実現するために、内外で幅広く活動してきた。人権協会のみなさん、とりわけ金東鶴、金静寅、宋恵淑、姜潤華各位に感謝したい。

また、二〇〇九年九月二五日、土屋公献先生（元日本弁護士連合会会長、一九二三〜二〇〇九年）が胃癌のため他界された。ご著書『弁護士魂』に見られるように、ひじょうに端正でオーソドックスなスタイルにもかかわらず、時に周囲を圧するほどの激しい熱情をもって、人権と正義を求める弁護士人生を一筋に駆け抜けられた。先生とは死刑廃止運動の集会に日弁連会長として講演していただいた折にお目にかかって以来、戦後処理の立法を求める法律家・有識者の会、日本の過去の清算を求める国際連帯協議会、アフガニスタン国際戦犯民衆法廷運動などを通じて、さまざまにご教示いただく機会を得ることができた。時代の先頭に立って、アジアの民衆に対する迫害や差別に対する抗議の声をあげてこられた先生のご霊前に本書を捧げたい。

＊　＊

人種差別禁止法やヘイト・クライムについては、以前からそれなりに関心を持って見てきたし、その都度、文章を発表してきたが、古いものは割愛して、本書に収録したのは比較的近年に執筆したものに限った。本書のもとになった文章は次の通りである。収録にあたって、かなり加筆訂正を施した。

第一章は「レイシズムとヘイト・クライム」『統一評論』五三二号（二〇一〇年二月）、第二章は「ミサイル実験後の在日朝鮮人に対する人権侵害」『世界』七五八号（二〇〇六年一一月）、第三章は「コリアン・ジェノサイドとはなにか」『統一評論』五一七号（二〇〇八年一〇月）、第四章は「ヘイト・クライム（憎悪犯罪）」『救援』四四八号〜四五二号（二〇〇六年八月〜一二月）、第五章は「人種差別の刑事規制について」『法と民主主義』四三五号（二〇〇九年一月号）がもとになっている。

その都度の執筆機会を与えていただき、また本書への収録を快諾してくれた各編集部に感謝する。

＊　　＊

本書の校正中、二〇一〇年二月二四日・二五日、ジュネーヴ（スイス）の国連人権高等弁務官事務所のあるパレ・ウィルソンで開催された人種差別撤廃委員会が、日本政府報告書の審査を行なった。二〇〇一年に続く二度目の審査であったが、日本政府報告書は前回からほとんど進展していない。人種差別の概念定義も、人種差別禁止法の制定も、在日朝鮮人に対する差別問題も、真面目に考えているとは到底言えない。日本政府報告書に対して、委員からは次々と厳しい指摘が相次いだ。特に、人種差別撤廃委員会の審査直前に、日本で、中井拉致問題担当大臣が、高校無償化法案に関連して「朝鮮学校を無償化の対象からはずす」という発言をした。ジュネーヴでロビー活動していたNGOはただちに人種差別撤廃委員会委員にこのことを報告した。委員会審議では二人の委員が「朝鮮学校だけを無償化から除外するのは差別である」と厳しく指摘した。日本政府はあいまいな答弁でごまかしていた。日本の各新聞も人種差別撤廃委員会の様子を速報したので、中井大臣発言や、それを受けた鳩山首相の発言が差別的であることがくっきりと浮かび上がることになった。このように、委員会の勧告を手がかりに、日本における人種差別の克服に向けた取り組みを活性化させたいものだ。

最後に、原稿整理を手伝ってくれた文英愛（広島大学法科大学院生）に感謝する。

二〇一〇年　二月二五日

ジュネーヴのパレ・ウィルソンにて

増補新版 あとがき

二〇一三年春、ヘイト・スピーチという言葉がにわかに世間を騒がせた。おかげでマスメディアからの取材・問合せが相次いだ。「前著」となる『ヘイト・クライム——憎悪犯罪が日本を壊す』（三一書房労働組合、二〇一〇年）はすでに品切れとなっていたため、ジャーナリストはいずれも、高価な古本で購入したと言う。

日本にはもともと激しい朝鮮人差別があり、「チマ・チョゴリ事件」とも称されたヘイト・クライムがあったし、古くは関東大震災朝鮮人虐殺もあったのだから、本来ならばヘイト・クライム対策が本格的に議論されているべきだった。しかし、議論の蓄積がないまま今日に至り、今になって泥縄式にヘイト・スピーチの議論をしなければならないのが実情だ。法律家やジャーナリストの発言を見ても、初歩的知識すら持っていない例がひじょうに目立つ。

議論の前提となる基礎知識を呈示する作業が不可欠である。ヘイト・スピーチ規制の国際比較については、前著以後に一〇本ほどの論文を公にしてきたので、かなりの程度、調査・研究が進んでいる。憲法学者の研究にも重要なものが目立ち始めた。とはいえ、本格的な比較法研究は存在しない。既発表論文を一冊にまとめる必要があるが、それにはさらに調査・研究が必要である。

そこで当座のニーズに応えるために、増補新版という形で本書を世に送り出すことにした。増補箇所は、新版はしがき及び第7章である。第1～6章は前著を活かした。

＊　　＊

前著及び本書はいささか風変わりな道をたどった。前著は三一書房労働組合による出版である。当時は労働争議の渦中にあったため、三一書房から出版することができなかった。しかし、編集者の熱意のおかげで、労組による出版という「変則技」で前著に形を与えてもらった。友人・知人から「労組で出版って、どういうことか」と質問されたのが、今では懐かしいエピソードだ。

差別に抗する法律書のため、出版後も苦難の道が予想されたが、ヘイト・クライムに直面し、悪戦苦闘している市民からの支持をいただくことになった。類書がなかったこともあって、品切れとなった。そこにヘイト・スピーチ騒動がわき起こり、今度は、めでたく争議解決した新生・三一書房からの出版となった。出戻り増補新版である。

というわけで、なんだかよくわからないが、筆者としてはやたらに嬉しい。

ヘイト・クライムやヘイト・スピーチをなくし、このような言葉をなくすため、全国の仲間とともに「人種差別との闘い」(人種差別撤廃条約第七条)の次の一歩を踏み出すために、本書は二度目の人生を歩み出す。なお、仲間とともにさらに『ヘイト・スピーチ』という共著の準備も進めている。本書の兄弟姉妹編となるだろう。

最後に、苦しい労働争議のさなかに前著出版に漕ぎ着け、今度は労組による自主運営というスタイルで増補新版の航海をお認めいただいた「変則寝業師」の小番伊佐夫さん、高秀美さんに、万感の意を込めて感謝申し上げたい。心から、ありがとうございます。

二〇一三年　七月七日

八王子市宇津貫の研究室にて

『増補新版ヘイト・クライム』の刊行に寄せて

「日本人」というストーカー

辛淑玉

韓流ブームの頃、日本と韓国の関係が良くなったから在日差別もなくなったでしょ、と何度も言われた。そのときは、日韓関係が良くなっても在日の法的地位には関係ないし、両国がいがみ合えば一番早く影響を受け、板挟みの果てに、どちらの側についても殺される、それが在日という存在なのだと答えた。

ワールドカップサッカーで日韓どちらを応援しますか、という問いは、日本と韓国が戦争したらお前はどっちにつくのか、という問いに直結している。しかし、その危機感をマジョリティである多くの「日本人」と共有することは難しかった。

明治以来の歴史を見れば、日本が、国家としても個人としても、常に私（朝鮮）を必要としてきたことが分かる。日清日露戦争は朝鮮の主権を奪うための戦争で、朝鮮の国土で人殺しが繰り広げられた。その後、帝国の野望の足場として植民地化すると、命と富と文化と歴史を収奪し、民族性の抹殺を図った。

敗戦後は一転してアメリカにつき、朝鮮戦争で大儲けした一方で、民主主義者を自称する日本人は北朝鮮を賞賛し、韓国の軍事独裁を批判して儲けた。時が経つと、今度は北朝鮮を叩いて儲け、テポドンが飛んでくると言ってはお祭り騒ぎで盛り上がり、韓流ブームでも儲け、北朝鮮の脅威に備えよと軍備増強でまた儲けようとしている。しかも、今回は改憲というオマケまでついている。

そして、そんな儲けから置き去りにされた人たちが、オレたちを見捨てるなと、「日本人」という絶対的な特権を確認するための在日叩きを始めた。

彼らは、オレは日本人なんだ、オレは日本人なんだ!、だから日本はオレを助けろ!、と叫んでいるのだ。ネット上では、少しでも自立した意思を持つもの、権力に媚びないものは「反日」「売国奴」と呼ばれ、理解できない相手には「非国民」という言葉が投げつけられる。

そして彼らは、勝手に「在日認定」というラベリングをしては、相手に三文字のそれらしい名前を付けて弄ぶ。穴蔵の中でキャッチボールをしながら、それがさも真実かのように拡散していく。

今や、在日が日本を支配している、差別されているのは日本人の方だとまで言い出す始末だ。無知と、傲慢と、偏見、差別心、恐怖が混じり合った結果の「殺せ」コールである。

これと同じことが、一九二三年の九月にも起こった。関東大震災下での朝鮮人虐殺である。日本人が弱くなったらやられる、仕返しされると思い込み、その恐怖から、朝鮮人ならやりかねないとデマを信じて、官民一体となって七〇〇〇人近くにのぼると言われる朝鮮人を殺しまくった。未だに真相解明も国としての謝罪もなされていない。被害者の人数さえ調査されていないのだ。

いま、東京、大阪、京都などの都市部を中心に、「良い韓国人も悪い韓国人も殺せ!」というプラカードを堂々と掲げ、罵声を浴びせる集団が湧いている。現実には良い韓国人も悪い韓国人も知らず、日本人の友達もいないだろう彼らの行為は、こうした歴史の延長上にある。

時間を持て余し、社会にアクセスできない人たちが匿名のインターネットでつながり、罵声を浴びせて一体感を確認した後、何事もなかったかのように日常に戻る。被害妄想をふくらませ、敵とみなした相手に英雄気分で攻撃を仕掛けては達成感を得る。あまりにも幼い。

彼らは、朝鮮や韓国や在日がなくなったら、間違いなく生きる意味を見失うだろう。DV夫が、妻が亡くなった途端に自殺したりするのと同じだ。

「みんな」とか「世間」とかが一番の社会では、人は自らの意思を持つことができない。いや、許されない。だから、意志薄弱な輩の依存する最後の砦が、敵としての在日、そう、私なのだ。

彼らは、終生私にストーカー行為を続けるのだろう。そんな彼らを取締まる警察はこの国には存在しない。しかし、彼らの人生には、光もまたありはしないのだ。

※ 本書は、三一書房労働組合発行・教育実務センター事業部発売
『ヘイト・クライム―憎悪犯罪が日本を壊す―』
（２０１０年4月 10日　第１版第１刷発行）の増補・新版である。

前田　朗（Maeda Akira）

1955年、札幌生まれ。中央大学法学部、同大学院法学研究科を経て、現在、東京造形大学教授（刑事人権論、戦争犯罪論）。日本民主法律家協会理事、在日朝鮮人・人権セミナー事務局長。

◎主な著作

『平和のための裁判　増補版』（水曜社、2000年）、『ジェノサイド論』（青木書店、2002年）、『民衆法廷の思想』（現代人文社、2003年）、『侵略と抵抗』（青木書店、2005年）、『刑事法再入門』（インパクト出版、2007年）、『軍隊のない国家』（日本評論社、2008年）、『人道に対する罪』（青木書店、2009年）、『非国民がやってきた！』（耕文社、2009年）、『ヘイト・クライム』（三一書房労働組合、2010年）、『９条を生きる』（青木書店、2012年）、『領土とナショナリズム』（共著、三一書房、2013年）

ウェブサイト：http://www.maeda-akira.net/

Eメール：maeda@zokei.ac.jp

増補新版 ヘイト・クライム—憎悪犯罪が日本を壊す—

2013年8月15日　第1版第1刷発行

著　者　前田　朗

発行者　小番　伊佐夫

発行所　株式会社 三一書房

〒101-0051

東京都千代田区神田神保町 3-1-6

電話：03-6268-9714　ＦＡＸ：03-6268-9754

メール：info@31shobo.com

ホームページ：http://31shobo.com/

印刷製本　シナノ印刷株式会社

ISBN978-4-380-13012-0　C0036

Printed in Japan

定価はカバーに表示しています。

乱丁・落丁本はお取替えいたします。

震災 戒厳令 虐殺

——事件の真相糾明と被害者の名誉回復を求めて

関東大震災85周年朝鮮人犠牲者追悼シンポジウム実行委員会編

1923年9月1日、マグニチュード7・9の激震が関東地方を襲った。大火による未曾有の災害のなか、朝鮮人は捕らえられたうえ、数千人が虐殺された。戒厳令はなぜ布かれたのか。そして日本帝国主義を震撼させた「三・一独立運動」とは。

A5判　08222-1　1200円(税別)

領土とナショナリズム

——民族派と非国民派の対話

木村三浩・前田朗 共著

考え方がまったく異なる者同士が、冷静に相手の立場を理解し、尊重しながら議論をすることは刺激的かつ生産的である。一水会代表・木村三浩と、東京造形大学教授・前田朗が展開する、北方領土・竹島・尖閣諸島、天皇、軍隊、憲法問題…についての討論。

四六判　13005-2　1400円(税別)

原発民衆法廷① 東京公判―福島事故は犯罪だ！ 東電・政府の刑事責任を問う

原発民衆法廷② 大阪公判―関電・大飯、美浜、高浜と四電・伊方の再稼働を問う

原発民衆法廷③ 郡山公判―福島事故は犯罪だ！ 東電・政府、有罪！

原発民衆法廷④ 大阪公判―原発は憲法違反だ！ 日本に原発は許されない

原発を問う民衆法廷実行委員会 編

…この原発民衆法廷は、人類全体の生活・生存を脅かす原発災害を2度と起こさせないために、事故の責任を負うべき指導者を道義的に裁くという点で、これまでの民衆法廷に通じています。これまでの民衆法廷と異なる点は、戦争が対象ではなく、追及すべき対象は広範囲にわたり、しかも責任を負うべき人物の多くが加害者ではなく、被害者のように振る舞っていることです…これらの問題を根本的に解明し、核兵器と原発のない世界を創り出すために、この民衆法廷に知恵を、力を集めてください。民衆法廷の開廷にあたり心からお願い致します。

◎原発民衆法廷判事◎鵜飼　哲：岡野八代：田中利幸：前田　朗

◎検事団◎河合弘之：田部知江子：中川重徳：上杉崇子：河村健夫：深井剛志

◎アミカスキュリエ◎張　界満：井堀　哲：長谷川直彦

A5判 ① 12800-4 ② 12801-1 ③ 12802-8 ④ 12805-9 ※以下続刊予定 各巻1000円（税別）

さんいちブックレット